1929年の恐慌

〜第一次大戦後の通貨・経済秩序崩壊からナチス・ドイツの閉鎖経済まで〜

ジャック・ネレ　著

岩田文夫　訳

現代図書

著者まえがき

この試論は歴史家の著作であり、経済学者のものではない。その意味は、本書の中では個々の事実から可能な限りの一般的概念を引き出すとか、ある特定の恐慌を他の経済恐慌に対する一般的理論の例であるとか、または出発点、あるいは証明として利用するつもりは全くないということである。反対に、様々な出来事の元々の性格、個人や思潮の役割、政治との繋がり等に広くアクセントが置かれるであろう。

しかし勿論、本書のようなテーマを、経済財政金融等の知見や関連の専門知識の助けを求めること無しに取り扱うことはできない。この点､歴史家には越え難いハードルがある。それは、今日の研究組織上の理由で、歴史家が必要な経済学の専門的教育を身に付けるには苦痛を伴うばかりでなく、すべて総合あるいは概括の作業に必要な予備的作業が多くの場合、十分ではない。とりわけ経済学説書あるいは関連の専門書から歴史を書くことは難しい。1929年の恐慌はその全体的な複雑さの中で捉えることが、特に難しいということを付け加えておこう。

しかしながら、経済学の概念を操ることは今日の歴史家にとって不可欠であり、1929年の恐慌は特に現代史の中で中心的な地位を占めている。従って、このテーマに関しては、概略的かつ暫定的でも良いから、総合の方法を会得していないと、多くの一般史の問題は完全には把握できない。このことが我々を、開拓し難いこの道に踏み入ることを決心させたものである。この試みが、成功するかどうかはどうであれ、最終的に無用ではないことを希望する。そして、もし我々がもうひとつ慰め、励ましが必要ならば、次のような昔の詩人の言葉を思い起こすことにしよう。

大きな事でも恐れず挑めば、先は見えてくる。

目次

1 通貨混乱と1921年の恐慌

戦争による均衡喪失

この研究は1914-1918年の戦争、すなわち第一次大戦によって引き起こされた破壊や損失の算定、評価から始めようと思った。しかしよく考えてみると、そのような評価の一覧表は我々のテーマと直接に関係があるとは思えなかった。実際、こう断定しては言い過ぎになるかも知れないが、戦争による破壊の結果はむしろ、その後の経済活動を刺激することになり、それ自体は恐慌の要因ではない。農場や交通路を復旧し、家や工場を再建するに違いなく、それは満たすべき需要の増加を生み、同時にしばしば生産手段を近代化するチャンスである。同様に、働き手の市場が改善される。つまり人命の損失が重大であった時、生き残った労働者は以前に比べて需要が増え、価値が増す。かくして精神的な効果はともかくとして、この機械的な効果によって1914-1918年の戦争は、結局は社会進歩の一つの要因であった。それこそ経済学者が認めざるを得ない、けしからぬ真実である。

しかし同時に、この戦争はその広がりと継続期間とにより、戦前の経済的バランスを根本からひっくり返した。それは参戦諸国に巨額の出費を強制し、そのことが、前もって用心はされていたにもかかわらず、購買力の著しい追加、拡大となって現れた。同時に戦争はそれらの国々において、産業の大きな部分が軍需のために独占されたから、消費者が入手できる物資の量を制限した。結局、戦争そのものが重大な資源の浪費をもたらす。要するに、この戦争はインフレ(通貨膨張)を引き起こし、国によって違いはあるが、これによって戦争に資金が供給された。その現象の大きさのイメージを持つために、おおよその値いではあるが若干の数字が必要である。以下に、まず主要な参戦4ヵ国の信用貨幣、すなわち紙幣の流通量の指数を示す。

	フランス	イギリス	イタリア	ドイツ
1913年――	100	100	100	100
1918年――	544	1,310	498	1,100

(J. F. A. B. La Crise, p. 60.)

勿論、全てこれらの国々は、戦争当初からその通貨の強制流通を定めていた。それらの金準備によっては、いかにしても、このような割合で膨らむ大量の信用貨幣、すなわち紙幣を保証できなかったであろう。しかし、指摘しておかなければならないことがある。このインフレはある程度まで、戦争に中立の、あるいはずっと戦争の被害が少なかった国々にも及んだことである。それは単に、これらの国々が主要参戦諸国から、戦前に輸入していたよりずっと少ない生産物を受け取り(輸入)、そしてずっと多くの生産物を供給（輸出）したからである。つまり、これらの国々は戦争の供給者でもあった。

信用貨幣（紙幣）の流通指数（中立諸国等）

	スウェーデン	デンマーク	オランダ	アメリカ
1913年——	100	100	100	100
1918年——	298	296	330	175

(J. F. A. B. La Crise, p. 72.)

この紙幣流通量の膨張には、それこそインフレの特徴的結果であるが、物価の騰貴が対応する。

物価指数

	1913	1914	1915	1916	1917	1918
イギリス——	100	100	127	160	206	227
フランス——	100	102	140	189	262	340
イタリア——	100	96	133	201	299	409
ドイツ——	100	106	142	153	179	217
アメリカ——	100	98	101	127	177	194
日本——	100	95	97	117	159	196
スウェーデン—	100	100	145	185	244	339
インド——	—	100	112	128	147	180

(J. M. Keynes, La Réforme Monétaire, p. 21.)

しかし、インフレがこのように参戦国、非参戦国の全てに打撃を与えたとしても、上記の表から感じられるように、諸国において不均等であった。この表が表していないのは、反対に、この全般的インフレの時期が、戦争によって最も打撃を受けた国々にとっては貧困化の時期であり、同時に他の国々、すなわち中立諸国あるいは、より遠方の参戦諸国にとっては利得の時期であったことである。“供給諸国”と呼びうる後者の国々は、“戦闘諸国”と呼びうる前者の国々に対し、輸入するよりもはるかに多くを輸出した。ところで、国際貿易において借り越し額、すなわち赤字はこの時代、最終的に金で決済される。

それ故、金の移動を見ることにより、主要参戦国から供給国への富の移転を推し量れるに違いない。しかし、現実はより複雑であり、利用しうる統計数字は、金の二重の動きの結果を示す。すなわち、一方では全ての国々において、それまで民間、個人によって保有されていてその額を計算する手段がなかった金の多くの部分がそれ以後、発券銀行、すなわち中央銀行の金準備を増やすことになる。他方、ある国の発券銀行から他の国の発券銀行への金の移転は、大部分が中立国である供給国の富の増加と参戦国の貧困化を反映している。

この表は多くのことを考えさせる。第一に、個人の間に保有されていた金の、いわば戦時動員にもかかわらず参戦諸国が被った金の喪失が見られる。たとえばフランスは、その公的金準備額を維持しているが、それはフランス人の昔からよく知られた、莫大な額の“羊毛の靴下”(の中に貯めた金貨)によって輸入代金を決済し、赤字を減殺できたからである。ベルギー、

政府・中央銀行保有の金準備
（100万ドル）

ヨーロッパ大陸の参戦諸国：	1913	1921	差異
フランス	678.9	688.3	＋9.4
イタリア	288.1	236.5	－51.6
ベルギー	59.1	51.4	－7.7
ドイツ	278.7	260.0	－18.7
オーストリア-ハンガリー	251.4	0	－251.4
計	1,556.2	1,236.2	－320.0
イギリス	175.2	763.3	＋593.1
中立国（および日本）			
スウェーデン	27.4	75.5	＋48.1
ノルウェー	12.8	39.5	＋26.7
デンマーク	19.7	61.0	＋41.3
オランダ	60.9	245.6	＋184.7
スペイン	92.5	479.2	＋386.7
スイス	32.8	104.9	＋72.1
アルゼンチン	225.0	450.1	＋225.1
日本	65.0	558.8	＋493.8
計	536.1	2,014.6	＋1,478.5
アメリカ	691.5	2,529.6	＋1,838.1
総計	2,954.0	6,543.7	＋3,589.7

（G. Cassel, Money and Foreign Exchanges after 1914.）

ドイツ、特にイタリアの場合は、損失が顕著である。オーストリア-ハンガリー帝国は金準備の全額喪失であるが、それはこの二重帝国の解体後、全てが後継の国に受け継がれたためである。イギリスは、戦争で果たした役割にもかかわらず、ずっと良好な状況に見えるが、金貨の(国内)流通から相当の引き上げを実施したに違いない。しかし供給諸国の増加が特に目立つ。すなわちオランダ、スペイン、スイス、なかでも日本は、この観点では戦争の大“受益国”と思われる。しかし、金準備の移転は何よりもアメリカに有利である。この移転は持続的であり、アメリカはその後に続く諸事件において第一線の役割を演ずるであろう。

通貨体制の崩壊

1914年、戦争当初において、すべての参戦国は彼らの通貨の強制流通を布告していた。すなわち、紙幣はその後、金との交換が停止された(金本位制の停止)。その結果、それまでそれぞれの国が定めていた金平価、すなわち紙幣と金との間に固定されていた公定の交換比率が停止されたことにより、諸国の通貨間の交換比率、あるいは相対価値は変わり得ることになり、とりわけ中立諸国の金融市場では、実際にそれが変動を始めた。戦争が続いている間、参戦国の各通貨の相場は、当該国の金融財政事情によってばかりでなく、戦況や、戦争の結果予測によっても影響を受けた。ドイツでは例えば、勝利の場合には状況の一新を可能にし得る巨額の賠償金を要求するというドイツの関係筋の意図が広まっていたため、通貨下落の諸要因がある程度相殺された。

アメリカの参戦が新しい要素を持ち込んだ。アメリカは金兌換、すなわちドル紙幣と金の交換性を維持したばかりでなく、イギリスが実践していたことを拡大して再開した。すなわち、赤字の同盟国に信用供与(信用貸付け)を行い、彼ら通貨の対外価値の維持を可能にした。(ある通貨の対外価値は、金融市場において、それに対する需要よりも供給が多い時には減少する。その理由から、例えばフランスの場合、ドルから成るアメリカの信用供与により、過度に供給されたフランを、望ましい為替レート、あるいは“対外価格”が回復するまで市場で買い戻すことが可能になったのである。)

これらの状況のなかで、休戦は当然、敗戦国通貨の下落をもたらすことになった。戦勝国でも、同様の結果が同盟国間の金融連帯の崩壊によって引き起こされた。この崩壊への最初の行動をとったのはイギリスであった。イギリスは、最初は1919年1月、次いで3月には最終的に、同盟国に通貨の交換比率、すなわち為替率の調整を可能にさせる為替平衡貸付、別言すれば、ポンドの信用供与を停止した。7月にはアメリカが同様にドルの信用供与を停止した。それで人々は初めて、国際通貨体制に対するこの戦争の影響を推し量ることができたのであった。

戦後の1919年と1920年の欧米諸国通貨の交換比率、為替レートの変動を概観すると、『旧約聖書』に出てくる「バベルの塔」の話のごとく、それぞれの動きはばらばらで、一つの方向性というような動きは見えない。フランは、ドルやポンドに対して下落、マルクやイタリアのリラ等に対して上昇している。ドルは上記2年の間、連続的上昇。ポンドはドルに対して下落傾向を示し、ドイツのマルクについては、戦前の金保証があった《金マルク》に対して、その後の金の裏付けがなくなった《紙幣マルク》の価値は著しく下落している（金マルクと紙幣マルクと言うのは、研究者が価値の比較、計算のためにおこなっている区別であり、ドイツ当局が実際に発行しているのは常に《マルク》紙幣である)。

さて、発生した大混乱の重大さにもかかわらず、全体として世論は、一般大衆のも消息筋のも同様に“常態”への、すなわち戦前の状態への復帰を信じている。そして各々がこの状態へ大急ぎで戻りたいと心に感じている。この精神状態こそが、あの同盟国間の金融連帯を急に終わらせたことを一部分説明するものである。それはまた、今日では信じがたいけれども、議論の余地ない一つの現象を理解させてくれる。すなわち、和平が回復するや否や、国際的な投機機関が、減価した諸通貨が遅れることなく公的為替率、つまり平価に復帰すると踏んで、それら通貨の買いに動いたことである。そのことが1920年中に見られたマルクとフランの値戻りを部分的に説明する。

しかし、少しずつ理解されてきた。事態があまりに激しく変わってしまったので、その建て直しは容易ではなく、多くの場合において可能でないことを。そして安定への復帰は、和平の締結以後、描けるどころではなかった。反対に、戦争による不安定は長引いた。ヨーロッパの交戦諸国はあまりに貧困化し、あまりに必要、不足をため込んでいた。さらに何年もの間、輸出できるよりもはるかに多くを輸入しなければならなかったので、それらの通貨下落の諸要因を強めていった。この事実を例証するには、アメリカの貿易黒字が、戦闘全期間中106億8,800万ドルに増えていたのに対し、休戦から1922年の中ごろまでに110億ドルに達したことを言えば十分であろう。すなわち、戦後の最初の数年間、アメリカとヨーロッパの間の貿易不均衡は、戦争の全期間中と同様に大きく、アメリカの黒字の方向に進んだのである。

1921年の恐慌

事実関係

全般的な欠乏状態は、休戦によっても、また和平の調印によってさえ終結を見なかったので、1919年と1920年の一部期間中、物価は上昇し続けた。すなわち、戦争中に満たされなかった需要は供給よりずっと大きいままだった。戦争によって被害を受けたヨーロッパの国々で、生産が1913年の水準を回復するどころではなかっただけになおさらであった。

しかしながら、1920年中には、物価の動きは急激に逆転する。アメリカの通貨、すなわち金の裏付けのあるドルで示された、若干数の基礎物資の価格はその現象の大きさのイメージを与える。それは、以下の通りである。

	綿花	石油	砂糖	小麦	絹
	（セント／500g）	（ドル／3.81）	（セント／500g）	（ドル／12.81）	（セント／500g）
1914年 7月—	13.31	1.70	3.80	0.89	4.08
1918年 7月—	30	4.00	6.40	2.20	7.35
1920年 4月—	41.50	6.10	21.57	3.30	16.20
1920年12月—	14.75	6.10	4.63	1.60	8.00
1921年 4月—	11.25			1.33	6.70
1921年 7月—		2.25			
1921年12月—			3.67		

（Pommery, Apercu d'histoire économique contemporaine, t. I, pp. 90-91.）

この価格下落は当然のことながら、交易と経済活動の深刻な鈍化を伴う。そのことについての明々白々の例証が、イギリスの輸出下落である。

1921年イギリスの対前年比
輸出減少率

[輸出先]			
スウェーデン———	75%	アメリカ———	42.6%
キューバ———	73.9%	中国———	40.3%
デンマーク———	67.1%	インドとセイロン—	39.8%
フランス———	65.2%	南アフリカ———	38.6%
ブラジル———	57%	アルゼンチン———	35.6%
エジプト———	56.8%	オーストラリア——	27.2%
ペルー———	54.8%	日本———	18.1%
カナダ———	54.5%	ドイツ———	17.8%
チリ———	46.6%		
西部アフリカ———	46.2%		
ニュージーランド—	44%		

（1922年2月22日，L'Economist および Celtus, La France à Gène, p. 71.）

この表から、状況は全般的であると同時に国によって不均等であると思われる。とりわけ不均等状態は、次に示す失業率という この重要な産業活動指標の中に現われている。

失業率（%）

	ドイツ	スウェーデン	オランダ	イギリス
1913年	2.9	4.4	5.1	2.1
1920年	3.8	5.4	7.2	2.4
1921年 6月	3.7	27.9	8.1	23.1
1921年10月	1.2	27.1	6.9	15.6
1922年 1月	1.6	35.6	18.5	16.8

（la S. D. N., le Bulletin n° 4 および J. F. A. B., La Crise, p. 96.）

イギリスでは失業者の数（炭鉱夫は含まず）が、1921年1月の103万9,000人から同年4月に161万5,000人、6月には218万5,000人となり、その時、労働時間を短縮された労働者数は114万4,000人であった。1920年4月から11月まで、イギリスの対外貿易は206万6,000ポンドに上った。しかるに1921年4月から11月までは101万9,000ポンドにしか達しないであろう。国際貿易に依存することの大きいイギリス経済にとって、その結果としての大混乱が想像される。そうして炭鉱業界が輸出を回復するのに、販売価格と労働者の賃金を引き下げようとしたその時、1921年3～5月の炭坑夫の大ストライキが発生し、イギリスの困難がドラマチックに例示されることになる。

ところが、イギリスと、戦争で豊かになった中立諸国がこのように産業不振によって大打撃を受けている一方で、ドイツはほぼ完全にそれから免れているように見える。この現象は当時人々を驚かせた。

彼らは、よしんばヨーロッパで暮らしていたからであったにしても、アメリカで起こっていたことに、すなわち上記二つのケースとは非常に異なる第三のケースの生成に対して注目するところがずっと少なかった。アメリカは価格下落によって厳しい打撃をうけた。1921年中ごろ、その工業生産はおよそ30パーセント下落しており、400-500万人の無職者を数えていた。しかしその輸出は、イギリスと同様の収縮は見なかった。反対に、1921年中にアメリカの貨幣用金のストックは、およそ7億1,000万ドル相当増え続けた。要するに、アメリカはある点ではイギリスと同様の恐慌を経験したが、それはずっと長続きのしないものであった。

当時のいくつかの説明

1921年の恐慌は初めて、多くの観察者と有力言論界に、発生した経済不安の重大さを理解させることになる。それについてなされる解説というのは様々であって、あまりに一般的すぎるか、あるいは反対に、あまりに個別的すぎて議論している現象には正確に合致していない。すでに見たように、主として難儀しているのはイギリスであり、そしてまた、その重要性の故に自らの考えを広めるのに最適の位置にあったのもまたイギリスであった。そのイギリスに扇動されて始まるのがベルサイユ条約の大係争である。ベルサイユ条約に対して出される批判が二方面からある。一方で、条約は中央ヨーロッパを分割するため、そこに関税の壁を増やすことになり、国際貿易の復興を妨げる。他方、賠償の重荷でドイツ経済を押し潰し、その立ち直りを妨げる。そもそもドイツは1914年には、世界経済の主要な一部だったのである。こういうことが一番繰り返される議論であった。

当時のある鋭い観察者は、イギリスについての見方を、もっと洗練され、もっと巧みな形で提示できると思い、次のように述べる。

> …国々を分割するのは、もはや関税障壁ではなく、為替の変動と切り下げである。ところで通貨不安は重過ぎる債務から生ずる一つの結果である。従って戦時負債の免除は、イギリスの自由主義者によれば、金融面からの自由貿易の表明に等しい。…彼らは国際貿易の仕組みを歪める傾向がある措置すべてを拒絶する。例えば、ドイツの輸出伸長を促進するよう連合国に義務付けるベルサイユ条約の全面履行、またドイツの輸出に対する禁止措置に等しい経済制裁である。これらは、それこそ相反しているが、同様にイギリスの貿易を害する不愉快な手段である》…

[イギリスの事業家たちの全般的な主張は]《ベルサイユ条約の改定に向かう。一部の産業家はしかしながら、条約が産業保護の手段になっていてくれる限りにおいて、これを利用したい

気持ちである。石炭輸出業者はとりわけ、ドイツの（石炭も含む）賠償という合法的競争から免れたいと思っている。しかし製鉄業者はまた、ドイツの自由輸出に対する禁止措置によって保護されたい、すなわちドイツに対する経済制裁の適用を支持する気持ちである。…ある者はドイツに押し付けられた貧困化を嘆き、またある者はドイツに許されている利得機会をドイツから取り上げたい。しかし全ての者は等しく、条約の全面執行には反対している。すなわちドイツの輸出を関税制裁によって叩くことは、その立ち直りと、同時に賠償金支払いの両方を阻止することではないのか。》

（A. Fabre-Luce, La Crise des alliances, pp. 34 et 193.）

関税障壁の議論はジレンマである。大事な問題点が必ずしも想定されている問題点ではないからである。例えば、イギリス人の主張の反対者、とりわけフランス人はこう指摘する。1920～1921年のイギリスの輸出下落を見積もると全体で6億3,100万ポンドと巨額であるが、そのうちドイツを含む中央ヨーロッパと東ヨーロッパの分は800万ポンドに過ぎず、それに対してイギリス帝国構成諸国、西ヨーロッパの工業諸国、および為替の高いヨーロッパ諸国の分は5億6,600万ポンドである、と。（Celtus, La France à Gène, pp. 75–77.）

別の批判がイギリスに向けられた。今ここでそれを仔細に検討することはできないが、例えば、若干の第一次産品の買い占めの試み、また石炭輸出の準独占状態を固守しようとする傾向などであり、特に後者は石炭輸入国をアメリカに向かわせていたものであった。同様に人々が注意を促したのは、戦争がイギリス自治領諸国の工業化を促進していたことであった。最終的には、イギリスのデフレ政策が問題とされた。しかし、この点はもっと詳しく検討しよう。

通貨と信用の諸現象

後に1921年恐慌の原因が問われた時、当たり前のように提示された理論は、多分次のように言い表される。すなわち、戦争の間、交戦諸国は直ぐには満たすことのできない需要を蓄積していた。そして中立諸国は直ちには支出する機会を持たない利潤を貯めこんでいた。従って1919年と1920年は購買熱によって特徴付けられた。戦争によって貧しくなった国々が彼らの最後の蓄えを使い切ってしまい、豊かになった国々が感じていた生産物への強い欲求が鎮まった時、恐慌が起こった、と。

この理論は、とにかく、経済の現実に通じた人には少し単純に見えるであろう。恐慌の突然さそのものが、これら基本の動向とほとんど一致しない。すなわち、貧しくなった国々の資金の枯渇と、豊かになった国々の需要の充足がおよそ数か月の期間に同時に起こった、と仮定しなければならないからである。

もっと念入りの説明が、主にルイ・ポンムリ氏によって提示された。すでに指摘したことであるが、戦争が終わるやいなや、最も減価した通貨に投機筋から買いが入った。それは急速な値戻りを見越したからであった。この投機がそれら通貨の為替率を支えたことにより、当該諸国に外国での物資購入を容易にした。しかし、投機の本性は正に、突然向きを変えることである、と。

この説明は一部の真実を含んでいるかも知れない。しかし、ここで言われる現象だけが役割を演じたとすれば、外国での物資購入を最も減らしたかも知れないのは、為替の切り下げられた国々である。我々が先に明らかにしたイギリスの貿易表は、そのようなことはなかったことを示している。

実際上、国際貿易の重要な取引が稀に即金で決済されることがある。通常はほとんど信用供与で取引される。そして信用供与の負担は一般的に輸出国にかかる。今の場合では、これらの信用供与の主たる部分はイギリスと、とりわけアメリカによって供与されていた。

アメリカ連邦準備制度(中央銀行)の貿易動向一覧表によってこれら信用供与の膨張の様子を見てみると、終戦直後の1918年12月の3億200万ドルから増え続けて1920年12月には15億7,800万ドルに達している(Ch. Rist, La Deflation en pratique, ch. Ⅲ.)。当然のことながら、この信用増加は通貨流通量の膨張をもたらしている。すなわち、連邦準備制度は、全ての発券銀行と同様に、輸出企業による輸出手形あるいは貿易証書を割り引いて受け取り(手形割引)、それと引き換えに紙幣を渡す。つまり、輸入国の企業による代金支払いの前に通貨を発行することになる。そうすると、金準備は絶対額で増加が止まることになり、金準備額は通貨(紙幣)流通量の増加に対して比例的に減少する。当時、紙幣流通量に対する法定の最低金準備率は40パーセントであったが、現実の金準備率は1919

年初めの51パーセントから1920年4月には40パーセントに下落する。1920年10月に、連邦準備制度の下にある12の連邦準備銀行の内8行は、他の4行によってなされた支援がなければ法定最低準備率以下の金準備を持つことになったであろう。

連邦準備制度はそれ故、紙幣流通量の増加を抑えるため必要な措置をとらなければならず、それは急激である。それはすなわち、信用のコストを高くすること、言い換えれば割引率を引き上げることである。割引率は1920年1月、ニューヨークで6パーセントに、同年5月には7パーセントに引き上げられた。これらの高い割引率により、すでに契約されている信用供与は引き続き行われことから数か月の遅れを伴うが、商業信用の激しい収縮を引き起こす。

連邦準備制度の貿易手形取引一覧表
（100万ドル）

1920年12月 ―――	1,578
1921年 6月 ―――	1,113
1921年12月 ―――	659
1922年 6月 ―――	294

（Ch. Rist, La Deflation en pratique, ch. III）

イギリスはこの政策を模倣し、しかもそれを悪化させる。実際イギリスは、他の交戦諸国と同じく、戦時インフレを経験し、その通貨はドルに対していくぶん減価した。従って、その通貨ポンドの平価を回復するためイギリスは、争いの時期の終了後、直ぐに厳しいデフレ政策を実施し、これが遅れることなく効果を現わした。

	紙幣流通量（100万ポンド）
1919年12月31日———	464.9
1920年12月31日———	500.4
1921年12月31日———	438.1
（Celtus, La France à Gène, p. 28.）	

この政策手段の中には緊縮予算、緊縮財政がはっきり見えているが、対外信用を含む信用の収縮も同様である。その時以来、この措置全体が貿易と世界価格の下落を、特に、最も不利な輸出国、すなわち価格の最も高い輸出国において経済不振を引き起こすということは何ら驚くべきことではない。

結局、1921年の恐慌は、安定恐慌の最初の、そして最も重大なケースであった。

中央および東ヨーロッパの通貨崩壊

1921年の恐慌の後、人々は全く新しい現象を目撃する。すなわち、幾つかの国の通貨の下落が速まり、これらの通貨は全く価値を失い、もはや交換手段としての本来の役割を果たすことができなくなるに至ったことである。若干の数字が、抽象的であるけれども、この大混乱のイメージを与えるであろう。

ドイツ
紙幣マルクに対する金マルクの価値

1920年12月 ———	17
1921年12月 ———	46
1921年 3月 ———	65
1922年 6月 ———	90
1922年 9月 ———	349
1922年12月 ———	1,778
1923年 2月 ———	11,200
1923年 3月 ———	4,950
1923年 6月 ———	45,000
1923年 8月 ———	1,000,000

オーストリア
紙幣クローネに対する金クローネの価値

1920年 6月 ———	27
1920年12月 ———	70
1921年12月 ———	533
1922年 3月 ———	1,528
1922年 6月 ———	2,911
1922年 9月 ———	14,473

ロシア
紙幣ルーブルに対する金ルーブルの価値

1919年 1月―――	103
1920年 1月―――	1,670
1921年 1月―――	26,000
1922年 1月―――	172,000
1922年 3月―――	1,060,000
1922年 5月―――	3,800,000
1922年 7月―――	4,102,000
1922年10月―――	6,964,000
1923年 1月―――	15,790,000
1923年 6月―――	97,690,000

(J. M. Keynes, La Réforme monétaires, pp. 70-71.)

ここで問題なのは、強調しなければならないことであるが、非常に全般的な現象のことである。実際、中欧および東欧の全ての国々は、チェコスロバキアを唯一の例外として、その通貨がこのように無価値になるのを見た。我々はよく行われる幾つかの説明は信用できるものと思われる。すなわち、革命ロシアにとって、旧所有者階級を破産させる一番簡単で確実な方法は通貨を無価値にすることだった、と人は言う。ドイツのケースは、西洋諸国を最も驚かせ、それ故最も知られたケースであるが、熱心な議論を巻き起こした。ある人々から見れば、ドイツの通貨は、賠償の重荷に、より正確に言えばその脅威に屈した。またある人々から見れば、ドイツは賠償金を払いたくないという邪な気持ちにより、その通貨を故意に犠牲にしたのであった。このような要因は疑いもなくある役割を演じた。しかしそれはただ、全体的な傾向を強める二次的要因としてである。

それでは一体、この現象の広がりをいかに説明するか。我々が考えるに、1921年恐慌の光景、様相がそれと大いに関係があった。もし、ポンドがわずかしか減価しなかったのに、イギリスが金平価を回復しようとしてあれほどドラマチックな経済恐慌に悩まされなければならなかったとしたら、そこには、イギリスよりずっと為替の不利な（すなわち通貨価値の下がった）国々が、状況回復のために努力する気力をすっかり無くさせる理由があったのではないか。その上、経験が証明したことであるが、為替を切り下げた国々がその通貨不安から何らかの利益を引き出した。すなわち、金で表示される彼らの対外価格は、その通貨下落の結果、競争国より安く、彼らの輸出はそれで有利になっていた。その結果、1921年に、イギリスを強襲した産業不振はドイツには及ばなかったのである。マックス・エルマン氏は我々にこう伝える。ドイツ産業界の第一線の33人の人物が1921年に、ある機密メモワール（2年後に公刊された）の中で、“我々の悪貨はあらゆる関税の壁を貫き通すであろう”、そして“正直に言って、悪条件の中で働き、飢餓賃金を支払いながら、しかし、ドイツは必ず地球上の全ての市場で重きを為すであろう”と（Max Hermant, Les Paradoxes économiques de L'Allemagne moderne, p. 36.）。そして1921年の夏、イギリスは、為替切り下げで恩恵を受けすぎていた国々から来る輸入品に対し、33.5パーセントの関税で迎え打ったのである。

しかし、減価した通貨を支えておくべき明確な限度というものがないと、その通貨は下落を加速し、そして一切のコントロールを免れることになる。その上、通貨暴落は何時も敗戦国、あるいは平和条約によって新しく作られた国家で起こった。すなわち、そうしたところでは国家行政は未だにしっかり整っていないし、国としての伝統や慣習は緩んだままか、あるいは無きに等しく、そしてこれら全ての理由で、社会の規律が不十分であることは明らかだった。その上、注意しておきたいことは、通貨現象は大部分が心理的な現象であり、そこでは前例の力と連鎖反応が大きな役割を演ずる、ということである。例えば、隣国での通貨暴落の例が人々に警戒心をおこさせる、つまり、おそらく明日は無価値になるかも知れないこの通貨を手放し、その価値を維持する物財あるいは安定した外国通貨等など、なんでもいいから買う気にさせるのである。ところが、貨幣、通貨に対するこの逃げ腰が、加速する通貨価値下落の決定的作因なのである。我々が考察している時期においては、事態の伝播が当時完全に崩壊し、内乱で混乱していた国家、ロシアに由来していることは日時が示すところである。

1919年始めのうち、これらの国々の大部分の状況はこのように要約される。戦争から引き継がれた重い負担、これに対し破壊され、麻痺したままの生産力で立ち向かうことは不可能であった。しかし通貨の最終的な暴落を逃れられた国々のうち、特にフランスは、当時ずっと良い状態にあったわけではなかった。通貨の加速的減価の第一の要因は、公共財政の赤字であった。その意味は、課税または借入によって歳出を賄うことができなかった、ということである。フランスが1924年まで救われたのは、短期ではあったにしても、国債あるいは国防債の形で借入の可能性を保持していたからであった。ここで疑いもなく役割を演じたのは戦勝国の立場の有利さであって、国民の国への信頼が損なわれていなかったことであった。しかし、この頼みの綱がないと、諸国は、発券銀行の前払いという手段、いわゆる〈紙幣印刷機〉によって国の支払いを履行せざるをえなかった。引き続いて起こったのが経済の必要と、まったく釣り合いを失した通貨流通量の膨張であり、物価は上昇し、そして通貨のこの購買力低下が為替レートの低下に反映した。こうしたことは、インフレーションの典型的な現象である。

危機にある国々が、少なくとも初めのうち、状況の建て直しのために懸命の努力をしなかったかと言えば、そうではない。ほとんどの国々でとりわけ試みられていたのは、資産に対する課税の実施であった。ドイツにおいては、大蔵大臣エルツベルガーが1919年12月31日の法律により、《国家窮乏時の犠牲》という名の税を制定させた。しかしこの税は、全体的に直接税と同じく、通貨不安定の時期には、不便な点がいっぱいあることが明らかになった。実際これは、確定し徴収されるのに相当の期間を必要としたし、他方、税額は唯一の流通通貨マルクで記された。そのことから、納税義務者、特に税額が重かった人々は、その負担分が確定するのと、それを納める期間の間にマルクが減価するのを得と見た。これはすなわち、もはや金によって保証されていなかったので、使う者からの信頼と善意にしっかりと依存していた通貨にとって 重大な脅威であった。それで、もし支払の遅れを短くしようとすると、もう一つの障害にぶつかった。税負担者の多く、とりわけ事業家や商人はその税金を支払うために、銀行の貸付に頼るに違いなかった。そのことから、新たなる通貨流通の膨張が発生し、まさに止めることが問題であったインフレ過程を再燃させたのである。かくして、ドイツの財政は絶えず悪化していたが、改善されることなく、(金マルクで評価した)財政収入の額は減り続け、1921年1月の1億400万から1922年1月に4,600万、同年10月には1,600万になった。この間、予算支出は、時間をおいてからであったとしても、生活費高騰の後を追わざるをえなかったため、増加を止めなかった。そして絶えず増加する赤字は通貨流通量の増加と減価を加速した。同様の現象は、やはりチェコスロバキアを例外にして、中欧全体で生じた。フランスでは、新しく実施された所得課税が同様に失望をもたらしたが、間接税の相対的な大きさにより、またとりわけ、強く批判されたが新機軸、すなわち売上税により予算は無事であった。売上税は自動的に物価動向の後を追う税で、インフレが進めば税収も増えるからであった(J. Néré, La Troisième République, 1914–1940, pp. 51–54.)。

インフレが長引くにつれ、機械的、無意識的な原因が心理的原因にその第一の役割を譲る。すでに見たように、各人が、減価を止めないこのお金をできるだけ早く手放して、その価値を保持できそうなものなら何でも買おうとする。例えば不動産、耐久財、これは国内物価の騰貴を加速する。例えば安定した外国通貨、これは為替レートの低下を加速する。貨幣価値の低下は貨幣、通貨の流通量の増加より早くなり、そして数百万が数千万に、次いで数兆、等々に変わる一方で、国家は現実にその通貨という血液が空になる。それこそ当時の人たちから気付かれにくく、ほとんど理解されない現象である。それは心理的メカニズムの効果であり、物的要因の効果ではないからである。しかし重大な結果である。以下に、何人かの著者たちが取り組んだ計算結果を転載して、そのことを例示しよう。

ドイツ

	卸売物価指数（紙幣マルク表示）	卸売物価指数（金マルク表示）
1919年　1月 ――――	2.62	1.34
1920年　2月 ――――	16.85	0.71
1920年　7月 ――――	13.67	1.45
1920年11月 ――――	15.09	0.82
1921年　5月 ――――	13.08	0.88
1921年11月 ――――	34.16	0.54
1921年12月 ――――	34.87	0.76
1922年12月 ――――	1,475.00	0.81

（Max Hermant, Les Paradoxes éconornoques de L'Allemagne moderne, p. 32）

ドイツ

	紙幣マルク表示の流通額（10億）	金マルク表示の流通価値（10億）
1920年12月 ―――	81	4.8
1921年12月 ―――	122	2.7
1922年　3月―――	140	2.2
1922年　6月―――	180	2.0
1922年　9月―――	331	0.9
1922年12月―――	1,293	0.7
1923年　2月―――	2,226	0.2
1923年　6月―――	17,000	0.4
1923年　8月―――	116,000	0.116

オーストリア

	紙幣クローネ表示の流通額（10億）	金クローネ表示の流通価値（100万）
1920年　6月 ―――	17	620
1920年12月 ―――	30	430
1921年12月 ―――	174	326
1922年　3月 ―――	304	229
1922年　6月 ―――	550	189
1922年　9月 ―――	2,278	157

ロシア

	紙幣ルーブル表示の流通額（10 億）	金ルーブル表示の流通価値（100 万）
1919 年 1 月	61	592
1920 年 1 月	225	134
1921 年 1 月	1,169	45
1922 年 1 月	17,539	102
1922 年 3 月	48,535	46
1922 年 5 月	145,635	38
1922 年 7 月	320,497	78
1922 年 10 月	815,486	117
1923 年 1 月	2,138,711	135
1923 年 6 月	8,050,000	82

（J. M. Keynes, La Réforme monétaire, pp. 70-71.）

《駆け足のインフレ》の最後の局面では、もはやいかなる取引も正常には進まなかった。物価は日ごとに、さらには時間ごとに上昇する。できうる限りの手段で人々は、価値がなくなって行くこのお金を取り換えようと代わりの品物を調達する。取り替えが可能でない時には、急いで何でもいいから買って、いま受け取ったばかりのお金を即刻、やっかい払いしようとする。

“モスコーでは”と、こうケインズは述べる。“ある時点において、ほんのわずかの時間でも、ほんの少しのお金も持っていたくないという気持ちが信じられない強さに達した。もし食料品店の店主が500グラムのチーズを売ったとすると、彼はいま受け取ったばかりのルーブルを持ち、彼の足の出来うる限りのスピードで中央市場まで駆けていき、お金をチーズに代えて店の在庫を元に戻そうとした。そうしないと彼のルーブルは、到着する前にその価値を失うのであった。かくして彼は、この現象を《循環の速さ》と命名していた経済学者たちの予測を正当化したのであった。”ウィーンでは、暴落の時期に、あらゆる街角に零細な両替銀行が誕生した。人々はそこで受け取ったばかりのクローネをスイスフランに替え、もしも、何時もの取引銀行に行くために時間がかかっていたら冒していたかも知れない価値下落のリスクを避けることができた（J. M. Keynes, La Réforme monétaire, p. 64, 注記 .）。

他の著者たちは、例えばリシャール・ルビンソンのように、インフレの持続的な社会的影響を評価することに専心した。例えば、中産階級と自由業の全体的破産、農業者の相対的有利性、賢い投機家たちによる急速な蓄財、そして巨大産業帝国の形成についてである。しかしもっと一般的な精神面の影響があった。それは広がった不安感、安定した価値すべての喪失、深い退廃的気分であり、当時のベルリンはその実例を示していた。ドイツのシャハト博士が述べるところによると（Dr. Schacht, Mémoire d'un Magicien, t. 1, p. 162.）、貨幣、通貨を表すドイツ語は、《持続する》を意味する言葉に由来するという。持続性が無いことは、人間の脳と神経を麻痺させる。

これらインフレの影響は、根本が農村的な国々ではさほど感じられない。そこでは多くの家族が、彼らの収穫物によって生活し、外部世界との関係を最小限に減らして自分たちの殻に閉じこもることができる。彼らはこうして貨幣経済なしで楽にやっていける。そのことは、ポーランドやハンガリーが部分的には当てはまる。しかし、ドイツやオーストリアのような非常に発展した商工業諸国においては、惨状はその極みに達した。これら二つの国々の、その後の政治的推移、二国を揺るがした混乱、ヒトラーの最終的勝利は、彼らに対するベルサイユ平和条約の過酷さのせいだとされた。両国は以来、他よりずっと過酷な状況に耐えたが、同じようには反応しなかった。しかし、同じ発展程度の他のどの国であってもいいのだが、通貨の全面崩壊という類似の経験をした国民はどのように反応したであろうか。

2 ジェノア（イタリア）会議と安定恐慌

経済と政治の最初の相互交渉

何よりもイギリスに打撃を与えた1921年恐慌は、イギリス政治の非常に重要な転換期を画した、あるいはいずれにしてもそれを加速した。それは重大であり、政府に世論を驚かす未曽有の政策をも実施せざるを得なくするほどのものであった。かくして、さすがのイギリス政府も経済的困難の政治的反響に大変敏感になっており、恐慌の起源であった通貨、信用、為替の複雑な問題の中で、当時まったく安心してはいられなかった。時のロイド・ジョージ首相のある讃美者が我々に示すところによると、専門家間の重要な議論をつらそうに聞いていた同首相は、隣のもう一人の政治家にこう耳打ちしたという。“彼らは話の中に、少しはユーモアを入れられないのかな”と。

イギリスの恐慌は、何よりもその輸出下落から生じていると思われていたので、イギリス社会で心底重きを成し、そのことによって大方の世界世論に影響した中心観念は、何としても国際貿易に対する障害を取り除くことであった（ほとんど何時も、関税障壁が増え、高くなっていること、輸送が困難になっていること、そして為替が無法状態になっていることが問題とされた)。1922年3月22日付けのデーリー・テレグラフ紙が書いているように、《ロイド・ジョージ氏の目には、…国際貿易の復活こそが、数か月来、我が国をひどく苦しめている失業を救済する唯一の手段と見える。》

より特別の、そして政治的情熱を掻き立てるのに適った二つの対象が、このような懸念から生じた。すなわち、その当時、疑いの目を向けられ、いわば国際的に監視の状態あった二つの国に対する態度を急ぎ変えねばならないという考えであり、それはドイツとソビエト・ロシア(ソ連)のことであった。

ドイツは、1914年には世界第二の工業大国であり、五大貿易国の一つであった。ドイツを抑えるためにフランス人とイギリス人は、4年以上もの間、共に総力を挙げて戦ったのであった。以後フランスが強国ドイツの軍事的政治的な不測の事態を警戒していたのに対し、イギリス人はドイツにその正常な経済的役割を取り戻させたいと考えていた。そのためにはドイツ通貨の回復を前提し、賠償の負担を無くすとは言わないまでも、少なくとも軽減するのが近道であるとされた。1919年以来、ケインズによって開始されたキャンペーンは今や、イギリス世論の主要な諸機関によって再開される。

戦前のロシアは、世界経済にとって決して重要ではなかった。それにもかかわらず、ロイド・ジョージが1922年1月の演説の中で言ったように、1914年の戦争以前には、世界の小麦輸出の4分の1、数100万トンの大麦とライ麦、および同じ量のマンガン、ヨーロッパの亜麻需要の3分の2、世界の大麻生産の半分、そしてイギリスによって輸入される木材の半分がロシアからやって来ていた（J. S. Mills. The Genoa Conference, pp. 24-25.）。ボルシェビキ革命の結果、ヨーロッパ列強は新生ロシアを反体制の危険な発祥地と見なしていた。それはフランスの立場でもあったが、この点でイギリスは考え方を変えて行った。イギリスは正常な外交関係の回復を待たずに、ソビエトロシアと貿易を再開したのであった。しかし、旧体制の崩壊、初期の革命的措置、そして内乱の結果、ロシアの生産力は麻痺し、飢饉が猛威を振るった。1921年、ロシアは2億4,800万5千金ルーブル相当を輸入して、輸出は2,000万3千金ルーブルでしかなかった。ロシアはその購入の大部分を旧所有者たちから没収した金と貴石類で決済していた。このような状態は長続きできなかった。実際、ロシア経済の建て直しは、国際的支援で行うことが肝要であった。

ジェノア会議（1922年4-5月）

以上のことが、イギリスをして国際会議の招集を要請する気にさせた動機であった。1919年以降、国際会議は数々開かれているが、ジェノア会議は初めて純粋に経済的目標を定めており、大きくはヨーロッパの経済再建を意図していた。同様に初めて、元の参戦国が、敗戦国を含めて、完全に平等な立場で再会した。

しかしフランス政府は、ドイツに要求する賠償金の問題が提議されないことを参加への譲れない条件としていた。そのために、1922年４月に、イタリアのジェノアに招集された会議で専ら検討されようとしていたのは、基本的にはロシアの事であった。会議は四つの委員会に分かれた。すなわち政治委員会、これは即座に《ロシア委員会》と命名された。金融委員会。経済委員会、ここでは基本的に貿易に関わる関税の問題を扱うことになった。運輸委員会。以上の四つであった。

会議の目的は経済ということであったが、一般の関心が集中しようとしていたのは政治委員会であった。会議を取材したジャーナリストのジャン・ド・ピエールフウは、出席者の大多数の意見、また疑いもなく新聞でジェノア会議の報告を読んだ人たちの意見を忠実にこう伝えた。

《四つの大事な委員会を前に、彼らは、助成金を受けた劇場の大舞台を前にした（パリ・ブールバール通り）の常連観客の心持ちである。政治委員会、それだけが彼らの関心に値する。それは、劇団正座員の選挙の時の、コメディーフランセーズ（セーヌ右岸）である。他の経済、金融、そして運輸委員会はどうかと言えば、彼らにはほとんどオデオン座（セーヌ左岸）程度の関心である。“それは全部、セーヌ左岸のこと”、と彼らの中の一人が、的を射た簡潔な表現で言っていた。》（Jean de Pierrefeu, La Saison diplomatique, p. 34.）

しかし、ロシア問題は特に解決が難しかった。その頃のロシアは、低開発国の最たるもののように思われており、また当時ロシアについて用いられた言葉は、直面する困難と同様に、今日の第三世界のたくさんの問題と類似性なしとしない。すでに示したように、イギリス、およびイギリスと関心事を共有していた国々、あるいはイギリスの考えに影響された国々は、はっきりとロシアの経済回復に協力したいと思っていた。ロシアとしては、その悲劇的な状況ゆえに外国の援助、すなわち《資本主義の》国々からの援助を排除しなかった。彼らは、我々はネップ（N. E. P. 新経済政策）の時期、すなわち非社会主義的な考えに対して若干の譲歩を行う経済の時期にある、と考えた。ロシアは国家対国家の借款を望んだのかも知れないが、他の国々は反対に、ロシアにおいては外国の民間投資の果たす役割を主張した。この点でロシアは、妥協の意思があることを表明していたが、しかし他の国々はロシアに、これら民間投資に対する行動の自由と非収用の保証を要求した。このまま、企業の自由と集産主義経済という二つの原則の基本的対立を巧みにかわすことはしなかった。この第一の対立に、歴史的性質の、しかしその時の状況ではやはり重要な第二の対立が接ぎ木された。すなわち、帝政ロシアの時代に多額の資本を投下していたフランス人とベルギー人は、ソビエトによる旧体制時代の負債の再確認を強く要求した。ロシア人は、ロシアにおいて内戦が引き起こした破壊について、西欧列強は金銭的な責任を取るべきと反論した※。ジェノア会議が始まって間もなく、ジェノア近くの港町ラパロでロシアとドイツが別の協定に調印したことで、雰囲気は一層重苦しくなった。結局、ロシアと西洋諸国の間の協力の試みは完全な失敗に終わった。

しかし、ジェノア会議の招集でヨーロッパ中に過度の期待が

※この借金は旧ソ連（ロシア）によって返済された、と1990年前後の時期に日本の有力紙が報じている。

生じていた。それで、埋め合わせるものなしにはっきりと失敗を認めるのは不可能であった。その時、たいへん良いタイミングで専門家委員会が生じた。彼らの結論は全て満場一致で採用されたが、政治指導者の誰もそれを重視しなかった。経済委員会と運輸委員会の結論はその上敬虔な願いでしかなく、ほとんど議論を招くものではなかった。金融委員会の結論については同様にはいかず、フランスを含めてその結論を採用した幾つかの国は全て、表明した意見に対してその時または後になって、留保条件をつけた。

それらの結論自体は、それに協力した専門家たちの資格にもかかわらず、政党の大会の最後に作成される折衷案に似ていたが、それは存在しない一致を外部に対し、あるように見せるためであった。それらを理解するには、1921年のデフレ恐慌の結果として招集されたジェノア会議が、1922年、通貨の無政府状態の最中に進行していたことを思い出さなければならない。こうした情況の中で、一般世論の願望は安定への復帰に賛成であった。しかし、どういう安定が問題であったのか。1914年以前の経験は、物価が全体的にかなりゆっくりとした変動であったので、金に結び付いた有力通貨全ての安定であった。何人かの経済学者、例えばアービング・フィッシャー、それ続いてJ. -M. ケインズは反対に、何よりも物価の安定を望んだ。物価が通貨無政府状態の時期で急激な変動を受けていたからであった。しかし、この物価安定をより確実にするために、彼らは、有力中央銀行間の一致した政策により、それぞれ互いの通貨の管理された変動を検討した（J. M. Keynes, La Réforme monétaire, とりわけ p. 197.)。

ところで、ジェノア会議によって採択された金融委員会の決議は、信用管理により確保される物価の一般的水準の安定化と同時に、通貨の安定化を求めた。この最後の点に関して、専門家たちは大胆にも共同の見解に先んじて、各国通貨の金交換性回復によって行われるものと宣言したのであるが、必ずしも戦前の平価にはこだわらなかった。言い換えれば、彼らは、多くの国において通貨の安定化は、通貨の事実上の減価は多少あっても、それを追認する法律上の切り下げを想定していた。この主張は、切り下げがまさに不可欠となっていた国々の抗議を生じさせた。それはイタリア、フランスそしてベルギーであった(同書, p. 167, 注記)。それでこの考えは、ゆっくりとしかその歩みを進めなかった。

通貨の金交換性について、ジェノア会議はもう一つの新機軸を導入した。それは当時ほとんど知られていなかったもので、後になって熱心に議論されることになった。戦前の金本位制(ゴールドスタンダード)では、銀行券(紙幣)流通量の一定割合は、それを発行した中央銀行が保有する金によって準備されていなければならなかった。(この場合、最も普通のケースでは、フランスもそうであったのだが、最高紙幣発行量は立法権により決定された。)ジェノア会議は、この準備として保有される金は、若干の条件付きで、それ自体、金に交換(兌換)され得る外国通貨(たとえばドル)に置き換えてもよい、と認めた。それが、意味のはっきりしない用語だが、《金為替本位》（ゴールド・エクスチェンジ・スタンダード）と呼ばれたものであった。このシステムは、イタリアやインドのような若干の国がすでに採用していた臨時のやり方を一般化したものであった。これは1922年には、その場限りの措置と思われた。すでに見たように、1914-1918年の戦争の間に、参戦国の多くはその金の大部分を失っており、その分、中立国と、とりわけアメリカを利した。もし通貨を安定させるべき国々がそれぞれ、その金準備を回復する義務を負っていたとしたら、その大きな必要性がどれほど金価格のせり上げを引き起こし、新たなる金融不安をもたらしたであろうか（R. G. Hawtrey, Monetary Reconstruction, ch. Ⅵ.）。

しかしながら、ジェノア会議の功績をそこで採択された決議に限るのは正しくないであろう。実際、会議の準備の全て、各々が会議で用いた理想主義的であると同時に実践的な用語、それらはアメリカの関心を引き付けるために計画されていて、公然とは示されていなかったけれども、アメリカの優れたジャーナリストたちによって広く知らされた。その上、繰り返してアメリカに対して呼びかけが行われ、とりわけイギリスの首相、ロイド-ジョージは熱心であった（J. S. Mills, The Genoa Conference, pp. 116-117.）。説明される強調点はこうである。ロシアの経済再建のための幅広い信用政策も、国際通貨体制の再建も、アメリカの積極的な協力なしには不可能である。その上で言えるのは、これらの呼びかけは空しく行われたということだけである。疑いもなくアメリカ政府は、公式にはヨーロッパの問題に距離を置いていた。しかし、幾つかの通貨の支援のためモルガン銀行が行った借款、ドーズ将軍がその名を冠した欧州復興計画（ドーズ・プラン）に参加したことは、おそらくジェノア会議が創り出した雰囲気が後で実を結んだものである。

通貨安定政策

ジェノア会議の金融勧告案は、その時すぐに留保条件や反対意見が出されたにもかかわらず、事実上、遅れることなくかなり広く受け入れられた。金為替本位制は承認され、若干の範囲で実践された。安定への復帰が支配的関心事となった。しかし、いかなる安定なのか。物価の一般的水準を、信用の管理と為替レートの管理操作によって固定することは、政府および通貨当局の、おそらくは恣意にすっかり従属する複雑な操作の全体を意味していた。安定を維持することが重要というこの一般的物価水準の概念自体が統計上の抽象観念であり、多くの計算づくの、あるいは偏向した解釈を許すものであった。それで諸国の政府と世論が、ためらいなく直感的にもう一つの安定、すなわち金に対する通貨の平価の安定を選んだのは、何ら驚くべきことではない。

この安定化に向けての全般的な動きの中から、大変異なる問題を提起する三つのケースが現れた。一つは、インフレで文字通り無価値になった通貨の、全く新しい基礎に基づく再建のケースであり、二つめは、戦前の価値との開きがあまり大きくなかった諸通貨の金交換性回復のケース、三つめは、実際に著しく減価した諸通貨の正式な切り下げを伴う安定化のケースである。年代的にほとんどこの順で、通貨安定政策は行われた。

オーストリア

オーストリアは、インフレで無価値になってしまった通貨を新しい通貨に切り替えた最初の国であった。それはまた、ジェノア会議によって勧告されていた国際協力の恵まれた例であった。なぜならば、オーストリアの通貨安定化政策は国際連盟(ジュネーブ)の庇護と監督の下に行われたからである。1922年10月に採択されたプランに従って国際連盟は、オーストリアの代理として6億5,000万金クローネの国債を発行した。これは、以前に受けた信用供与に対し返済すること、そして正常な均衡回復を待って2年間、財政赤字の補填に充てられることになっていた。為替レートの方は、発券機関により人為的に維持されていたが、1924年12月20日の法律の制定により固定されることになった。この法律により旧金クローネの3分の1の価値を持つ金シリングが創設され、金交換性が回復された。国立オーストリア銀行は、発行紙幣の少なくとも20パーセントを、金と《健全な外国通貨》の形で保持していなければならなかった。これはすなわち、金為替本位制の原則の厳格な適用であった。

通貨の技術的(テクニカル)なプランに関し、対策はかなり簡単と思われた。しかしギャロピング(駆け足の)インフレによって左右される一国経済を健全な基盤に戻すことは、厳しい困難を生じさせた。第1章で見たように、途方もない名目上の数字に反し、通貨流通額の実質価値は加速的インフレの時期に、著しく収縮していた。金で表される物価水準は同様の事情になった。目の回るような為替の崩壊が一度止まるとすぐ、実質物価は世界水準に合わせて上昇する傾向があり、そして、この物価の騰貴には常にインフレを再燃させる危険がある。

他方、通貨安定化政策は、生産が維持され経済活動は漸次改善されても、激しい失業の危機を招く。それは、特に銀行および商業セクターにおいて、インフレの事実それ自体から結果する多くの雇用が自動的に失われる、ということである。その上、

失業者数
（単位 1,000. 月末の数字）

	1922	1923	1924	1925
1月 ———	34	161	119	187
2月 ———	43	167	125	189
3月 ———	42	152	106	176
4月 ———	44	132	82	149
5月 ———	39	107	68	131
6月 ———	33	92	63	113
7月 ———	31	87	66	112
8月 ———	31	83	74	
9月 ———	38	78	77	
10月 ———	58	75	89	
11月 ———	83	79	113	
12月 ———	117	98	154	

(Rist and Layton, Rapport à la S. D. N, sur la situation économique de l'Autriche, p. 12.)

インフレの時期には、賃金は物価上昇に追いつくに至らないから、ほとんど費用の掛らない労働力を雇うことに人は躊躇しない。安定と共に、労働コストを圧縮する必要性が再び現れるのである。

しかしもう一つの現象が現われ、その結果は例がないほど重大であるに違いなかった。ギャロピング・インフレは、通貨流通額の実質価値の収縮と共に、流動資本のほぼ全面的な喪失を引き起こしたのである。すなわち、各々が急いでお金を手放して、何でもいいから物を買おうとするので、個人の貯蓄と企業の運転資金が事実上無くなってしまった。

主要８銀行の預金
（100万金クローネ）

1913年末	3,612
1923年末	724
1924年末	1,107

貯蓄性預金総額
（100万金クローネ）

1913年		2,213.43
1923年	1月	8.72
	7月	29.02
1924年	1月	41.39
	7月	70.19
1925年	1月	149.71
	7月	231.89

(Rist and Layton, Rapport à la S. D. N, sur la situation économique de l'Autriche, p. 28.)

この流動資本の欠乏の結果、利子率は非常に高く、これが経済回復を妨げる。生活は止めることはできないから、企業は運転資金を際限なく更新される短期の銀行信用の形で再び賄う。銀行自身は外国の前貸しの形で、その信用貸しの補足分を見つける。1925年に、貸借対照表(残高)の貸方(資産)のほぼ半分は外国通貨によって構成されている。このことは著しく危険な状態であって、もしオーストリアから遠く離れていて、オーストリアと関係が無いのに起こるかも知れない出来事によって、これら短期信用の更新が不可能になるならば、オーストリア経済全体が今にも崩壊する危険に曝されるのである。

オーストリアの通貨安定策は、先例として伝播することにより、バルカン諸国通貨の安定化をもたらした。これらの通貨は著しく減価してはいたが、駆け足のインフレを被ること無く、オーストリアのような廃貨は起こっていなかった。1923年中に、トルコのリーブルが戦前価値の8分の1、ギリシャのドラクマが10分の1、ユーゴスラビアのディナールが15分の1、ブルガリアのレフが25分の1、ルーマニアのルゥーが40分の1で止まった。ハンガリーは通貨大暴落を経験していたが、1924年6月になって初めてオーストリアに非常に類似した方法に従って通貨改革を実現させた。

ドイツ

ドイツの場合は、技術的にはオーストリアのケースとかなり類似していたが、大きな政治的相違を見せた。先ず第1に、賠償金、ルール地方占領、その後のドイツの反抗、すなわち《(サボタージュ等の)消極的抵抗》などの争いをしていて、旧マルクの最後が1年間延びた。次いで、オーストリアで成功した例に似た国際的救済策が、ここでは二重の障害に遭遇した。一つはドイツの大国としての国民的誇りで、信託統治に置かれることを拒否した。もう一つは、恐るべき旧敵の経済復興に手を貸すことを若干の連合国が躊躇したことである。

ドイツはそれ故、《消極的抵抗》が終わった後、その通貨建て直しの努力を自ら始めなければならなくなっていた。そのことから、詳細に語られるべき複雑且つ微妙な歴史が始まる。インフレの最も激しい時期に人々は、大きな契約を、信用できなくなっているマルクに依存せず、種々の計算貨幣を用いて取り決める習慣を身に付けていた。つまり本能的に救いの道を辿っていった、ということである。しかし、安定的な計算貨幣と実効的に流通する通貨を一致させる問題がやはり最も困難な問題であった。その当時、ジョン・ロー事件やフランス大革命を経験した時代のように、《実物価値》と呼ばれるものを基にして貨幣を保証することで成り立つユートピア、すなわち実現不可能の計画が持ち上がった。経済学者のヘルフェリッヒが、《ライ麦マルク》を創設しようとしたのであった。この考えは、1925年10月15日付でレンテン銀行を創立することにより、一般的な形で手直しされた。地代を意味するレンテン(Renten)銀行は、レンテンマルクを発行する責任を負っており、その資本金は法律上、ドイツの農工業用地を担保として創られた。しかしその後間もなく、ずっと真剣な一つの措置が行われた。それは1923年12月7日と19日の税制改革で、以後全ての税を、金を基礎にした支払い方に編成し、同時に支出のエネルギッシュな圧縮を実行した。その努力についての重要性は過小評価されるべきではなく、R.ルビンソンはこう書いている。

《レンテンマルクは、その流通において非常に堅い安定性を持ち、紙幣マルクは、いかなる金の保証もなく、いかなる実物価値によっても保証されなかったが、これもまたすっかり安定した。恐らくは貝殻を使ってやったとしても、同じ成功を収めたかも知れない。重要なことは、予算を数か月で均衡させたことであり…紙幣の印刷にストップを掛けたことである。(R. Lewinsohn, Histoire de l'inflation, p. 31.)》

そこに意味があるのは、結局はマルクの減価において実際の要因以上に大きかった心理的要因の役割を抑えた、ということである。さて、ドイツの大蔵大臣が予算均衡の達成に献身している一方で、シャハト(Schacht)博士は、造幣局長として、次いでライヒスバンク(中央銀行)総裁として、通貨への信頼回復のためにより専門的に取り組んだ。

その事のために、シャハトは、ケインズの通貨相対主義とは反対の立場に立った。すなわち、彼は絶えず、荒々しいまでのエネルギーで金価値を強調した。この観点では、レンテンマルクの制定は、それを直ぐに公然と放棄するのは不可能であっただけに、苦痛の元であった。つまり、二つの通貨を続け様に廃貨にしたら、悲惨な結果をもたらしたであろう。しかし、大変幸いだったことに、レンテンマルクは法制上、法的強制流通力と無限通用力という通貨としての本質的属性を付与されていなかった。この欠落がレンテンマルクを目立たせずに、金に基づく新通貨ライヒスマルク（1924年制定）に切り替えることを可能にしたのであった。

しかし、為替相場（レート）に対する投機から生ずるインフレを遅滞なく止めねばならなかった。このためライヒスバンクは、月末勘定（1923年11月）に必要な貸付を拒否し、また1ドルに対し4兆2,000億マルクという相場で外貨を買う用意のあることを明らかにした。当時の実勢は1ドルが12兆マルクであったのだから、4兆2,000億マルクという相場の選択は全く独断的であった。シャハトはその事をこう説明する。戦前、対ドル相場は4.2マルクであった。だから、計算の継続性を回復するにはそれらのゼロを取ってしまえば十分であろう、と。この小さな事実は、貨幣の数字がどれほどまで非現実的になっていたかを示すものである。しかしドイツの投機家たちは、マルクの下落ですっかり締め上げられていた。ところがこの種の人々は当時、国の通貨の下落に対しては外貨購入によって備える必要性と可能性を持っていた全ての人々、すなわち有力な商人や事業家たち、それにかなりの数の個人であった。2度目、1924年4月7日、ライヒスバンクは新規貸付を全て拒否した。慣行や、インフレから生じたほとんどの必要を、商工業者の支払の困難や、それ故きっと生じたであろう倒産に顧慮することなく、一気に破砕するには冷酷なエネルギーが必要であった。

しかし、それらはまだ仕事のネガティブな部分でしかなかった。常軌を逸したインフレの輪舞がひと度終わると、後は本当に新しい通貨を創ること、すなわち信用システムを可能にする準備金を回復する仕事が残された。ここで、シャハト博士のエネルギーに比類のない巧妙さが加わった。シャハトは発券機関、すなわちライヒスバンクを分割し、その商業手形割引機能を新組織の《金割引銀行》に委ねることから成るプロジェクトを考えた。

しかし正に、最も不足しているのが金であった。そしてシャハト博士のプランはそもそも、専門家たちの側として莫大な準備金を工面することであった。現実的には政治的工作が問題であった。すなわちシャハトは、外国の助けなしに済ませるだけの方策を持っていなかったので、国家主権の本質的な部分である発券機関の独立性を危険に曝すことなく、ドイツ通貨の再建のためにイギリスを密接に関係させようとした。そこから、一見非合理的に見えるライヒスバンクと金割引銀行の分離が出てきたのである。

実質的にシャハトは、イングランド銀行から、参加ではなく貸付の形で新銀行の資本の半分(1億マルク)を供給してもらうことになった。そのうえ、イギリスのある銀行協会が2億マルクの信用貸しに同意した。利子率は5パーセントであって、この時期の市場における一般的な利子率の半分であった。新銀行の資本はほとんど外国通貨から構成されなければならなかったが、そのことは、二つの通貨の間で、言わば宙ぶらりんになっていた1924年初めにおけるドイツの状態をよく描いている。(イングランド銀行によって供給されなかった資金の半分は、モラル面から容易にプレッシャーを掛けて、インフレ中にはその資金を輸出していたドイツの大企業から得られた。）

イギリス人が同意した例外的に有利な条件は、それ自体当時の政治状況によってしか説明されず、シャハトは疑いもなくそのことを正確に承知していた。フランスによるルール占領にいら立っていたイギリスは、フランスがヨーロッパを牛耳ることを阻止する目的で、ドイツの復興に心底賭けたのであった。シャハト自身はそれ故、イングランド銀行総裁のモンタギュウ・ノーマンの効果的な厚遇のお蔭を蒙っていることをはっきりと表明している。ノーマンとしてはその金融面の行動において、イギリスでは伝統になっているヨーロッパの均衡という政治的概念によって基本的に導かれていたのである。

それにもかかわらず、非常に輝かしい成功をおさめた金割引銀行の方策も、まだ最初の緊急救済策にすぎなかった。新貨幣を保証するには、ドーズ（専門）委員会が行おうとしていた８億金マルクの国際的借款という産物なしに済ますことは不可能であった。このドーズ委員会は、ドイツの賠償問題解決を可能にするために、ドイツ経済の再建を監督する任に当たっていた一種の外国の同族会議であった。ドイツはそれ故、オーストリアと同じ状態に置かれていたようであった。

実際、シャハトが金割引銀行の策略によって勝ち得たものは、窮境にあった債務国と、その主要債権国および貸付国の一つとの間に一種の共謀、あるいは少なくとも一種の連帯を確立したことである。そしてその成果は、オーストリアの場合のような借款に付随する国際管理の重圧を減じたことである。ライヒスバンク、すなわち中央銀行の総裁は同時に、外国人７名とドイツ人7名の同数の代表から成る監視委員会の議長でもあった。換言すれば、シャハト博士は、債務国政府がその通貨管理機関の管理運営に任じたシャハト自らを監督する責務を国際債権諸国によって負わされたのであった。

シャハトの政治的成功は輝かしいとさえ評価されているが、テクニカル面の観点では、新しい金マルクの基礎は特に狭いままであった。ドーズ・プランによる8億マルクの借款は、オーストリアへの6億5,000万クローネの国債借款よりも、両国の経済規模の大きさを考慮するならば、ドイツへの貢献ははるかに少なかった。ドイツは言わば、その政治的独立のために、外国の民間短期信用に従属するという代償を支払ったのである。

ポーランドの通貨安定は、ドイツにやや類似した方法で行われた。このケースもやはり金計算単位の採用、および新規通貨ズロティの創設があった。ポーランドもまた、過度に国際連盟に頼ろうとしなかったが、ドイツとは反対に直接イギリスに訴えることができなかった。それは、イギリスが初めの数年間、ポーランドに対し特別の好意を示しておらず、また、若干の人たちによれば、金融協力をする代わりに領土面での譲歩が欲しいとさえ考えていたからである。それでポーランドは直接、アメリカの支持を懇請した。しかし、ポーランドのケースは他の点で興味深い。物価がそこでは、戦前水準の200万倍に達していた。それは1924年5月、ズロティが1914年の旧(ポーランド)フランの金価値で創設された時であった。しかし2年後、ズロティは為替レートでその価値の50パーセント以上を失った。この事実は、通貨と金の結び付きが自動的に通貨激変のドラマに終結をもたらさないことを示すのに十分であろう。公定平価は、一度決定されたら守られなければならなかったし、またそのために、インフレの深刻な理由を取り除く必要があった。病根が深く根を張った時には、厳しい経済不振を引き起こすことを承知の上で、金融・財政、そして通貨引き締めの厳しい措置を取らなければ、それを正すことはできなかった。ドイツでさえ1924年および1925年に、激しい経済混乱を経験した。しかし、全ての国がドイツのように、2つの切り札、すなわち実効ある安定をもたらした揺るぎない堅固さを持つ財政・金融の運営を行い、かなり速い経済回復を許した多額の外部援助を受けたわけではなかった。

イギリス

イギリスのケースは、ドイツのそれとは全く反対の立場に位置する。イギリスもまた戦時インフレを経験したけれども、主要参戦国でその通貨が最も減価しなかった国である。1919年以来、イギリス政府は唯一の目的、すなわち戦前の平価でポンドの金交換性を回復することに全力を傾けた。それこそ政界と通貨当局の一致した願望であった。この願望の中には、(《ポンドはドルと対峙できなければならない》)というポンドの威信への思いと、貿易上の誠実さへの考慮があった。すなわち、全世界においてポンド建ての負債も契約もその価値が少しも失われることなく、隅々まで尊重されねばならなかった。それに、19世紀のイギリスの金融力と栄華をもたらしたのは、その厳格な正直さではなかったか。したがって、イギリスは1920年以来、臆することなく厳しいデフレ政策を採用したのであり、前に見たように、このことが1921年の経済恐慌の突発に与って力があったのである。この重大な危機の後でもイギリスの努力は緩むことがなかったし、100万人以上の失業者の恒常的存在にもかかわらず、金融緩和がもたらしたかも知れない経済的便宜は厳しく否定された。物価動向がこのデフレの規模を証明している。

イギリスの卸売物価指数
（1913年＝100）

1921年 1月――	251	1924年 2月――	167
1922年 1月――	164	1924年 7月――	162.6
1922年 9月――	153.9	1924年10月――	170
1923年 4月――	162	1925年 1月――	171.1
1922年 8月――	154.7		

（L. Robbins, La Grande Depression, tableau V, p. 239.）

しかしポンドの責任当局は、アメリカがそのうち何かイギリスのために役立ってくれるかも知れない、換言すれば、イギリスの価格に対して割安であったアメリカの価格が上昇して、それまであった格差を埋めてくれるかも知れない、と踏んでいた。ところが、我々が後に強調しなければならない幾つかの理由のために、このアメリカの物価上昇は生じなかった。

アメリカの卸売物価指数
（1926年＝100）

1921年　1月────	114	1923年　7月────	98
1921年　6月────	93	1924年　1月────	100
1922年　1月────	91	1924年　6月────	95
1923年　4月────	104	1925年　2月────	104

（L. Robbins, 同上書、tableau VI, p. 240.）

一方、ポンドの対ドル為替レート（金との分離以前の1914年に1対4.78であった）は、あまり持続的な傾向もなく上下に揺れ動く。1921年1月の3.78から対ドルレートは、1922年12月に4.65へ、1923年3月に4.72へと変わる。しかしこのレートは1923年12月に4.36へ、1924年1月には4.25へと再下落する。次いで再上昇し、1925年春には再び戦前の平価にごく接近する。ところで、重要な決定が際限なしに延期されることはあり得ない。前提条件が一つ一つ整理されていく。戦時債務に関するイギリス・アメリカの協定が、1923年初めに締結された。すなわち、1924年のドーズ・プランが少なくとも暫定的には、賠償金問題を解決する。マルク安定化策が欧州大陸における通貨混乱の終わりを告げるように見える。1925年5月、イギリスは、（使われはしなかったが）2度のアメリカの借款に助けられて、その通貨ポンドの金交換性を回復した。しかしポンドは、（イギリスで）金貨の流通が停止されたままであったから、金地金としか交換されないであろう。金は以後、国際貿易にしか使ってはならなくなった事は言うまでもない。

ポンドの戦前平価への復帰は、イギリスの世論によって即座にほとんど反対もなく承認された。しかし後に熱烈な議論を巻き起こし、その上、かなり一般的に、1921年以来イギリス経済を襲ったいつまでも勢いを弱めない恐慌の原因はそこにあるとされた。しかしながら、この恐慌は専ら通貨に起源があるとも、主としてそうだともはっきりは言えない、イギリス経済は、少なくとも第一次世界戦争以来、そして疑いもなくすでにそれ以前に、諸々の構造的欠陥を示しており、その事は、アンドレ・ジーグフリートが1931年の彼の著書《20世紀におけるイギリスの恐慌》の中で見事に叙述している。その後長く、イギリス経済の基本的要素の大部分は変化しなかったので、この恐慌に関してほとんど同じ言葉で議論が続いた。

いずれにしても、イギリスの安定化政策は、イギリス自治領、ヨーロッパの中立諸国、そして日本によって採用された。そしてそれは、とりわけ日本とノルウェーで厳しいデフレ恐慌を引き起こした。

フランス

フランスのケースは、ドイツとイギリスの中間である。ドイツと同じようにフランスは戦争によって深刻な痛手を被っていたので、その通貨を旧平価に回復する可能性を持たなかった。しかし、ドイツとは違い、フラン切り下げによって通貨安定化策を行ったが、ギャロッピング・インフレと伝統的通貨の暴落は経験しなかった。

フランの戦前平価への復帰を不可能にしていたのは、基本的に、戦争のための必要と、荒廃した地方の再建の必要を賄うために累積した国内公債(したがってフラン建て)の重荷であった。この負債はおよそ2億5,000万フランであったが、一方1919年には、フランスの総予算は42億フランに上った。これら二つの数字を単に対比させても、同じ単位でそれらを説明する事は不可能である。ちなみに、戦前5.18フランであった1ドルの価値は、1923年には平均して16.58フランに相当した。しかし、フランスの世論は全体的に、平価切下げの避けられぬ形勢にほとんど気づかなかった。それで1924年以降、フランの問題は、真の心理的、政治的恐慌を引き起こした。我々は、別の著書で、その展開の道筋をたどった(J. NÉRÉ, La Troisième République, 1914–1940, pp. 63–79.)。なぜ恐慌が、この遅れた時期になって鋭い性質を帯びたのか。無経験の政府の不手際であるとか、政敵の利己的策略の故であるとか言うこともできる。しかし、疑いもなくもっと深い理由がある。すなわち、他の国々の通貨の全体的な秩序回復で、フランスは問題解決をこれ以上避け続けることが不可能になった、ということである。しかし、フランス世論は長い間、戦争と再建の負債をドイツの支払うべき賠償金で賄うことを望んでいた。しかし、ルール占領と、とりわけドーズ・プランの採択によって見えてくる今後の成り行きが、言わば正式に、その希望を終わらせる。それでフランスは、見ようとしなかった問題とやっと正面から向き合うことになる。

しかしながら、そのことから通貨の暴落は生じない。1925年1月に、ポンドが88.62フラン、ドルは18.54フランである。

1926年1月に、ポンドは128.79フラン、ドルは26.51フランとなり、これは最終的に採択される平価にほぼ近い。ほんの一時期であるが、1926年7-8月、中央ヨーロッパで起こったのと同じように、パニックが起こり、為替の下落が加速して現実の経済と接点を失ったことがある。それでポンドは240フランに上昇する。しかし、この期間は長続きしない。ポワンカレ大臣の登場で間もなく信頼が回復され、為替は元の方向に戻る。それで、同年12月からポンドは122.86フランに、ドルは26.74フランに戻った。最終的に1928年6月、フランは正式に戦前価値の5分の1で再び金と交換される。為替レートはその時、1ポンドに対して124.5フランで、ドルに対しては25.44フランである。フランの新しい公定平価は、一般的評価によるとやや過小評価されている。いずれにせよフランスは、外国の信用供与に頼ることなくフランの安定化を達成し、経済はデフレ恐慌に襲われなかった。フランの問題は共和政体の危機を引き起こすに違いない、と思われた。しかしながら、その打開策は、例外的な成功の基礎になった。

それにもかかわらず、若干の批評が専門家からそれに対して向けられる。すなわち、1926年末以降達成された事実上の安定化と、1928年6月の法律上の安定化の間に1年半が過ぎ、この間、国際投機が不断にフランを上昇させる役割を果たした。それでフランス銀行は平価維持のために、休むことなくフランを発行して外貨を、次いで金を買うことを余儀なくされ、それらを積み増していく。以上の点は確かであるが、それ以後については色々と意見が分かれる。ある人々によれば、フランスは買った外貨を再び貸し付けて、世界的なインフレ傾向を助長する（Raymond Philippe, Le Drame financier de 1924–1928, 最終章．Sauvy, 前掲書，p. 96.）。またある人々によれば（Paul Einzig, World finance since 1914, pp. 136–141.）、フランスは金と外貨を貯め、それが同じ時期に他の国々（主としてイギリス）に不足を生じさせた。しかし、1928年6月25日にフランス銀行が再評価した収支決算によると、一覧払い対外流動資産が150億フラン、外貨持ち越し額が90億フラン（または総額で10億ドル弱）であったから、世界の貨幣流通におけるフランスの役割は、従って決定的であったとは言えないであろう。

フランの安定化は、（金本位制復帰で一致する）《ラテン通貨同盟》諸国の通貨の安定化を伴った。ベルギーは、1925年末以来、高すぎる水準（ポンドに対し107ベルギーフラン）で、また外国の信用供与を当てにしてベルギーフランの安定化を試みていたが、決められた条件が厳しすぎたので、結局ベルギーは信用供与を受けることができなかった。ベルギーはそれ故、新たな通貨下落を経験したが、最終的に1ポンドが175ベルギーフランで安定させた。イタリアは、おそらく威信の理由から、非常に高い水準でリラを安定させた。しかし、そのことから厳しい経済恐慌が発生した。

達成されない均衡

1927年か1928年頃、通貨大混乱の時期は終わり、世界における正常な経済生活の諸条件は回復されたかに見える。しかしそうした落ち着いた外観の下に、重大であるのに、しばしば気づかれない不均衡がある。

先ず第1に、ドイツの状況の刷新は表面的でしかない。ドイツではオーストリアにおけると同様に、インフレが貯蓄と企業の運転資金を無価値にした。そしてやはりオーストリアにおけると同様、通貨安定化の時、これらの現金持ち高は外国の信用供与、とりわけ短期信用のお蔭で回復された。しばしば述べられているのが、主にイギリス、そしてとりわけアメリカなど外国の貸付け業者の殺到のことであり、彼らはドイツ人に彼らの金(カネ)を受け入れて、その金を何でもいいから企業に投資するよう促しに来たのである。当時、ドイツをアングロ・サクソンの金融界で厚遇した好意的な感情、その重要性を否定しないにしても、それよりもっと当たり前な現実があったことを見失ってはならない。すなわち、ドイツが当時、外国資本を引き付けるのは、本当に資金を必要としているからであり、その結果、それに対して非常に高い利子を支払うからである。以下に示すように、ベルリンとニューヨークの間の利子率の相違がその現象を例証する。

発券機関の割引率（利子率）

	ドイツ（ライヒスバンク）	アメリカ（ニューヨーク連邦準備銀行）
1925年 1月 ――――	10	3
1926年 1月 ――――	8	4
1927年 1月 ――――	5	4
1928年 1月 ――――	7	3.5
1929年 1月 ――――	6.5	5

（L. Robbins, La Grande Depression, pp. 262-263）

資本流入のお蔭で、下表が示すように、通貨準備は回復されたと思われる。

ライヒスバンクの準備
（100万金マルク）

	1923	1924	1925	1926	1927	1928
金 ――――	523	819	1,274	1,897	1,865	2,999
外貨 ――――	347	1,198	1,016	963	472	258

ドイツは金為替本位制の下にあるが、上の数字はこの新機軸の影響力をよく示している。すなわち、ライヒスバンクは、その外貨をできるだけ早く金に替え、そうして伝統的な制度に戻ろうとする、しかし、これら準備の性質をはっきりさせておくことは適切なことであろう。すなわち、準備は外国からの信用供与に由来し、それを受益者がライヒスバンクに持って行き、マルクに替えてもらう（これらのマルクは、今度は企業によっ

て用いられる、または銀行の場合は、国内向け信用貸付の積立金として役立つ)。なぜなら、強調しなければならないことであるが、1924年から1929年まで、ドイツの経常収支はずっと赤字だからである。そして、1926年と1929年を除き、賠償金の支払いがこの赤字の半分弱をなしている。1926年を除き、貿易収支はこれまたずっと、そして大きく赤字である。この差額を埋め合わせ、またドイツに見かけの富裕化をもたらすのは外国資本である（Robbins, 前掲書, p. 259.)。しかしもし、なんらかの理由でこれら資本――少なくとも短期で貸付けられたもの――が引き出されることになれば、ライヒスバンクの外貨準備は解消し、ドイツ経済はその金融基盤の大部分を一気に奪われ、瓦解することになろう（Schacht, Mémoire d'un Magicien, t. 1, p. 234.)。

経済生活の基盤が最も不安定だったのはドイツであり、また一般的に言って、中央ヨーロッパ全体であった。イギリスは、何とかそれより良いといった程度であった。イギリス経済についてしばしば言われる構造的欠陥にここでまた戻るつもりはないが、指摘しておくべきは、ポンドは、はるかに知られていないことに、テクニカル面で脆いままであったという事実である。1925年以降、疑いもなくイングランド銀行は、戦前の3,500万ポンドに対して、およそ1億5,000万ポンドの金準備を保有していた。しかしこの増加は、金はもはや金貨の形では流通していなかった事実を単に表しただけである。ちなみに、ポンドは1914年には（危機の時には、フランス銀行の助けに訴えるつもりで)、取るに足らない金保証で何とか存続できたけれども、それは主として、イギリスがその当時、全世界の債権国であったためである。1928年頃の情勢は全く異なっていた。イギリスは、主にアメリカに対して長期の債務が大きかったばかりでなく、《資本収支》上のおよそ８億ポンドの短期債務の履行に応じなければならなかった（Paul Einzig, World Finance since 1914, p. 141.）。ここにはドイツにおけると同様、この時期の新しい大きな事実、すなわち通貨不安から生まれた浮動資本の役割が見られるのである。安全の点から短期で対外投資される習慣になっていたのは、通貨価値が下落した国の通貨であった。通貨が安定してもその習慣はなくならなかった。その他の資本、とりわけアメリカの資本は、大きな便宜を提供する新しい制度、金為替本位制の利用に動き出した。しかし、この多額の浮動資本が、今度は恒久的な不安定の源になった。

かくして世界の３大貿易国のうちの二つ、ドイツとイギリスは、詳しく見てみると、金融の面で脆弱さの大きな特徴を示していた。この脆弱さは、その後抜きんでた経済強国アメリカの特別の地位の、言わば代償であった。

1924年以降、アメリカ連邦準備制度の正貨準備総額が26億ドルと30億ドルの間を上下する。言ってみればアメリカは、戦争という例外的な時期と戦争直後の期間に受け取った金を全部保有しているということである。そこには何ら不思議はない。なぜなら、その後世界の債権国になるアメリカは、1929年まで貿易収支の黒字を続けたからであり、それで実際上、アメリカの債務国がアメリカに返済することが阻まれる。ここで注目すべきは、アメリカの慎重な政策である。それはとりわけ、1921年と1922年の関税引き上げによって説明される。しかしこれらの措置は、しばしば浮彫にされるが、アメリカでは伝統的に非常に強力な保護主義的傾向に対応したものであり、それのみでは決定的重要性を持たなかったであろう。実際、1923年におけるアメリカの関税は、1913年時点よりもなお低いのである。反対に、アメリカは、はるかに知られておらず、また、かつてはその存在すら異議を唱えられた全く新しい政策を実行する。それが、今ここで十分に吟味する政策、すなわち《金の不胎化》あるいは《金の不毛化》と言われる政策である。

それはどういうことか。アメリカへの、より正確には（12ある）連邦準備銀行への金の流入は、今度は信用貨幣流通の、すなわちドル紙幣発行の均衡を逸した膨張を引き起こしたに違いないであろう。この通貨流通の膨張は、次にはアメリカ国内の物価の上昇を招き、そのことは通常、輸出を妨げ、輸入を促進したに違いなく、それ故アメリカの貿易収支を赤字にしたであろう（このことはとりわけ、戦争で利益を得ていた若干の中立諸国で生じていた）。この時、戦争で貧しくなったヨーロッパの国々はその資産を回復したであろう。ドイツは難なく賠償の支払いを履行できたであろう。世界の金の再配分があったであろう。

しかし、1921年の恐慌の後、アメリカの通貨当局…そして、とくにニューヨーク連邦準備銀行総裁ベンジャミン・ストロング…は、金の流入が紙幣流通量の膨張となって現れるのを阻止することに専念した。そのために幾つかの手法が採用された（L. V. Chandler, Benjamin Strong, Central Banker, pp. 190–205.）。

その一つは、いわゆる《公開市場政策（オープン・マーケット・オペレーション）》である。各連邦準備銀行は国公債を保有しており、それを自由な公開の市場（オープン・マーケット）で売ったり買ったりする可能性を持っている。もし連銀が国公債を買うならば、それを売った民間銀行は現金持ち高を増やし、それ故、民間銀行の信用貸付の可能性を増やす。もし連銀が国公債を売るならば、反対の効果を持つ。この機械的な効果に心理的な効果が加わる。すなわち、投機は全て、通貨当局の《公開市場政策》を最大限考慮に入れることが得策である。ところで通貨当局は、1921年の恐慌の後、国公債を買って回復を加速し、そして以後、この手段によって景気の上昇、下降の全ての変動に専心対処するであろう。それが後に《反景気循環対策》と呼ばれるものである。

なぜこの対策を、決していかなる発券銀行もそれ以前に実践したことがなかったのか。疑いもなく人は、アメリカ西部におけるインフレ傾向に対処する時のニューヨークの金融関係者たちに固有の伝統を引き合いに出すであろう。しかし特に、戦争に続いてヨーロッパを襲った大混乱がアメリカの通貨当局の責任者たちに、彼らの国に同じ苦難は経験させたくないという決意を抱かせたのである。すでに通貨の安定は得ていたので、アメリカは物価の安定を確実にしたかった。思い出してみるならば、物価安定はジェノア会議の専門家たちの目標の一つであった。すでに示した数字であるが、アメリカの卸売物価指数（1921−1925）の動きを見ると、この対策は有効であった。しかし、これらの有力な実践家たちは、あまりに安定の達成を急いだために、より重大な将来の不安定の諸条件を創り出し、恒久化させた。疑いもなく、彼ら自身ヨーロッパに、その回復を確実にするため寛大な貸付政策を遂行し、また奨励した。しかし、これらの貸付の極めて大きな部分は短期であった。それで、特にアメリカで何か事件があれば、危機をもたらす急激な資金の引き上げが決定されたかも知れなかった。

推論を進めていくと、世界における貨幣用金の偏在ばかりでなく、その絶対的な不足も問題になる。ジェノア会議の専門家たちは、金為替本位制を採択した時、その恐れを感じていた。この制度は実際、準備を増加させることになり、インフレ効果を持つに違いない。すなわち、《強い》外国通貨は、金為替本位制の国の通貨を保証するのに役立っているが、それ自体がその発券国の金によって保証されている。それは信用貨幣(紙幣)の既発行量にさらに追加される段階である。一部の人たちは、このインフレの可能性の中に恐慌の真の起源を見さえした。しかし、理論的には弁駁《べんばく》できないこの推論は、事実の中に移し替えられていないに違いない。なぜならば、現実には金為替本位制という特別の制度は、1929年以前、わずかな役割しか演じなかった。それは本当に過渡的な制度でしかなく、各国は、可能な時には直ぐそれを放棄した。ドイツの例は、この点について意義深い(原書、p. 55を参照)。

金ストックの絶対的不足説は、以下の計算に依拠している。すなわち、1913年に世界の貨幣用金は、通貨流通総額(紙幣および一覧性預金)のおよそ32パーセントであった。この割合は、1928年にはもはや15.7パーセントでしかなかった。同じことを示すもう一つの方法として、世界の物価が1921年以来、1913年より明らかに50パーセント高い水準で事実上安定していたことを指摘することができる。ところが、金価格は同じままであった。その理由は、諸通貨の全般的な価値下落がなかったからである。そして、大戦後の例外的な必要を満たすために金の採掘を刺激する必要があったのに、これがむしろ下火になっていた。金ストックの年平均増加は、1913年におよそ2億5,000万ドルであったが、1929年には2億3,000万ドルでしかなかった※。ところが、世界の商品生産と全般的経済活動が拡大したばかりでなく、戦前にはそうではなかった多くの国々によって金本位制が採用された(Paul Einzig, World Finance since 1914, pp, 122-123.)。これは金価格上昇の要因のはずである。しかし、金貨が今や実質的に流通しないので、金への必要性は少なくなる。以上が答えとなろう。金は以後、国際貿易の不均衡にファイナンスする役割のみになる。間もなく、浮動資本と短期信用に過度に依存する国際通貨金融制度の脆弱さが、遅れることなく一気に現われようとしていた。

※ Philip Cortney 論文、《Le Prix de l'or après les grandes guerres》(Revue Politique et Parlementaire, 1966年6月)。その他の計算によれば、世界の貨幣用金のストックの増加率は、1910-1914年間の17.6パーセントから、1915-1919年間の16.7パーセント、1920-1924年間の8.9パーセント、そして1925-1929年間の11.9パーセントに変わった。(Hodson, Slump and Recovery, p. 27.)

3 過剰生産の神話

我々はここまで、主として、第一次世界大戦から直接、間接に生じた通貨の変遷をたどった。この問題は、すでに見たように、既存のシステムを動揺させた。その再建は厄介であったばかりでなく、不完全でもあった。しかし、伝統的に、経済恐慌について通貨面からの説明と相並び、《実体面の》不均衡による説明が行われている。ここにおいてもやはり、大戦は根本からの混乱をもたらしたため、その後の10年でも解消するのに十分ではなかった、と主張するための論拠は不足しない。非常に概略的であるが、この説は次のように提示されるであろう。

ヨーロッパの主要国は、戦争によって段々にその生産力が呑み込まれていくのを見た。この間、海外諸国は自国の生産力を発展させ、先ず自国の必要を満たしてから、ヨーロッパからの輸入不足を補充し、それから戦争で急増するヨーロッパからの需要に対し供給を行った。一度戦闘が終わると、ヨーロッパは生産力を回復するのに数年しか必要としなかったが、その一方で、海外諸国は彼らの新しい産業を、必要な場合には関税障壁で保護しながら発展させ続けた。従って、ヨーロッパの再建が終わった時、世界が全般的な過剰生産の状態にあったとしても、また、次に来る恐慌が過剰生産状態の拡大によって広く説明されることになったとしても何ら不思議はない。

この説明は、非常に単純かつ論理的であるために当然有力に見える。この説は事実関係の中で証明される必要がある。そして、ここから困難が始まる。先ず第1に、我々が先に一通り見てきた激しい物価変動の影響を除いて、生産の動向を測定するのは困難である。なぜならば、多くの全体的な統計数字はほとんど金額によってしか示されず、数量的に示され得ないからである。その次に、人口増加と、もしあれば富の増加を計算に入れた上で、通常の消費可能性がどのように変わったかを測定し、生産がそれを超えたのかどうかを明確にしなければならないであろう。これによって《過剰生産》の概念それ自体が改めて問題になる。しかし、理論的な議論に踏み込まずに我々は、生産の推移に関して利用できる数字を検討する。1925年が実質的に、再建の時期の終わりを印すと認めて、以下に、この年における若干数の基礎物資の生産高指数をしめす。

一見して気づくことは、1925年において基礎的生産物は量的に、戦前に対してあまり供給が増えていないことである。石炭、鉄、鋼鉄、機械設備、そして硫酸等がそうである。若干の部門では逆に、世界の、あるいはヨーロッパの生産は戦前水準を大いに凌駕している。石油、電気機器、人絹の場合である。この場合、比較的新しい生産物、新しい需要に相当程度対応する生産物であることに注目しておきたい。

世界の生産水準指数に接するとき、忘れてならないのが以下の観察結果である。

（1913年＝100）

	ヨーロッパ（ソ連を除く）	世界
石炭および亜炭（褐炭）	93	99
石油	104	267
鉄および鉄合金	84	98
粗鋼	100	118
造船	66	66
機械設備	90	108
電気機器	146	201
硫酸	99	126
絹	101	156
人絹	546	660

(Hodson, Slump and Recovery, p. 37.)

（1913年＝100）

	全生産物		第一次産品		食糧農産物	
	1924	1925	1924	1925	1924	1925
ヨーロッパ（ソ連を含む）	91	103	94	102	101	104
北アメリカ	118	127	124	137	113	117
南アメリカ	120	130	123	132	119	129
アフリカ	134	143	152	170	122	124
アジア（ロシア東部除く）	122	127	155	171	108	109
オセアニア	121	118	104	114	137	121
全世界	109	118	119	130	103	111

(A. Loveday, Britain and World Trade, p. 7.)

これらの数字は、ヨーロッパに比して他の大陸の相対的な伸びを浮彫にしている。それにもかかわらず、最も全般的な指数を取ってみると、1925年の世界生産は、12年前の水準より18パーセント多い、あるいは、年平均伸び率は1.5パーセントと観察できる。これで、大戦が通常の生産諸条件を深く、永続的に混乱させたと結論づけるのに十分だろうか。

ここで考察を止めることはできない。なぜなら、1925年、ヨーロッパの再建が終わる年について過剰生産を言うのは難しいとしても、次の数年間は特に活発な生産拡大が目立ったからである。

（1913年＝100）

	全生産物		第一次産品		食糧農産物	
	1925	1928	1925	1928	1925	1928
ヨーロッパ――（ソ連を含む）	103	113	102	122	104	109
北アメリカ――	127	137	137	147	117	127
南アメリカ――	130	155	132	181	129	139
アフリカ――	143	153	170	180	124	134
アジア――（ロシア東部除く）	127	136	171	194	109	112
オセアニア――	118	136	114	126	121	146
全世界――	118	129	130	148	111	117

（Loveday, 前掲書，p. 49.）

この時期については、生産物全体として、世界全体の生産は年に3パーセントを超える。ヨーロッパがその躍進を再開する一方、他の大陸は、戦争の期間中に開始した前進をさらに強化する。

しかしながら、総体的な数字は十分ではない。基礎的生産物の幾つかのカテゴリーを考察して、その現象をより仔細に分析することが必要である。ここで先ず、伝統産業の基礎的なものを示す。これら指数の出発点は1920年である。この年は、ヨーロッパの生産力は再興されるどころでなく、その結果、一般的生産水準は特に高くはなかった。

（1920年＝100）

	1925	1929
石炭および亜炭	101	112
鉄および鉄合金	122	156
鋼鉄	127	168
綿	143	130
羊毛（1922年＝100）	105	120

（Hodson, 前掲書，p. 37.）

ここで、国際貿易において重要な役割を果たす若干の消費財を加えよう。

	1925	1929
砂糖キビ	142	151
コーヒー	110	159
紅茶	117	139
(同上書)		

これら生産物の増産は、間違いなく著しい。しかし、発展のリズムは例外的とは見えない。今度は、この時代の新産業の特徴的な製品を見てみよう。

	1925	1929
石油	154	212
製錬銅	146	204
アルミニウム	143	214
人絹	240	558
ゴム	170	254
(同上書)		

これらの製品について、発展は真に急速であった。これは当然、最初に注目した大きな地理的範囲ごとの全般的指数に影響する。

今、本章の始めに触れた推論をまた取り上げてみよう。すなわち、戦争の間に、海外諸国はヨーロッパの《座席》を手に入れた、そしてヨーロッパが復興した時、もはや全ての国にとって《座席》は無かった、と考えることは、経済について静態的な、その上、伝統的で深く根を張るビジョンを持っているということである。なぜならば、そういうビジョンは、よりたやすく描かれ、想像されるからである。そこは昔の宰相コルベールとは違うところである。彼は、フランスの偉大さを保証するには、オランダ人の貿易を手に入れる、すなわち必要なら武力で彼らから貿易を奪うこと以外に方法を考えていなかった。

しかし現代の経済はますますダイナミック、動的である。新しい必要、新しい製品、新しい産業が経済発展の中で主要な役割を演ずる。大戦の間に、それまでヨーロッパに依存していた海外諸国はその産業を、とりわけ繊維産業を発展させた、というのは疑いもなく真実である。彼らの中で最も前進したものは、冶金生産を推進してヨーロッパの戦争に供給したというのもまた然りである。しかし戦後は、内燃機関（自動車、飛行機）あるいは電気関連の新産業が非常に活発な躍進を見せた。我々は、それら新産業について全体的な経済史を有していないので、それらが、全般的活動に及ぼした影響をしっかり測定することができない。先に引用した若干の生産物（自動車用の石油とゴム、電気機器用の銅とアルミニウム）の指数のみが新産業発展の概観を得させてくれる。さて、これらの新規産業が最初に発展し、また、今や海外諸国の競争に曝される旧産業とある程度まで交代することになるのは、最も進んだ工業諸国、すなわちアメリカと、戦争で被害を受けたヨーロッパ諸国においてである。疑いもなく、細部においてまで完全な新旧交代はない。例えば、イギリスは石炭産業衰退の時期に、植民地の繊維産業の競争に苦しめられる等はある。しかし全体として、新産業はヨーロッパに新しい活動分野を確保させることにより、一定の均衡回復を可能にする。

自動車や電気機器産業の急速な躍進が、景気循環に左右されずに実現されているとか、景気の鈍化あるいは後退の時期を伴っていないと言うことではなく、それはかつての旧い産業の場合と同様であった。大いにあり得るのは、1925-1929年の、特に活発な拡大の後、調整の時期が来たに違いない、ということである。しかし、この通常の経済的現象では…その上、これは戦争によって引き起こされた均衡破壊とは何の関係もないであろう…未曽有の大恐慌を十分に説明できなかった。(我々は後に、大恐慌の問題に接近するであろう。)

しかしながら、以前の考察がほとんど当てはまらない分野、かつ需要増加、新製品、新旧交代の活力等がわずかしか見られない分野がある。それは農業である。実際、この時期の過剰生産を主張した著者たちは、彼らの議論の重要部分を農業経済から引き出した。それで、著者たちが注意を引き付けるのは、第一に、恐慌の初めの数年間における世界の農産物価格の顕著な下落に対してである。

実際、この状況は広がり、全般的であると印象付けられる。農産物のかなりの部分が数年間で半分、さらには3分の2下落している。しかし価格の下落それだけで、全般的過剰生産の潜在的状態だと結論できるであろうか。欠かせないのは、反証と

農産物価格指数（1927–1929 年平均＝ 100）

	市場	1927	1928	1929	1930	1931
小麦 ――――――	ロンドン	109	105	87	97	52
小麦 ――――――	アメリカ	107	94	99	58	43
トウモロコシ ――	ロンドン	85	100	114	85	51
トウモロコシ ――	アメリカ	96	100	103	87	48
アメリカ綿 ―――	アメリカ	109	100	91	53	32
エジプト綿 ―――	リバプール	104	114	83	45	41
絹 ―――――――	ミラノ	99	109	91	52	57
亜麻の種子 ―――	アメリカ	83	90	127	62	54
タバコ ―――――	アメリカ	106	101	93	65	49
コーヒー ―――	ニューヨーク	100	92	107	87	42
紅茶 ――――――	ロンドン	114	107	80	87	62
牛（生体）―――	アメリカ	87	106	107	86	61
豚肉 ――――――	アメリカ	109	92	99	95	74
羊（肉）――――	イギリス	97	103	100	81	58
牛乳 ――――――	アメリカ	100	100	100	91	68
バター ――――	デンマーク	98	103	99	79	64
卵 ―――――――	アメリカ	90	102	108	86	63
羊毛 ――――――	ロンドン	102	113	85	51	37
皮革 ――――――	ロンドン	119	102	78	72	63

(J. H. Kirk, Agriculture and the Trade Cycle, pp. 79-80.)

農業生産指数（1930 年の数値による加重）
（1925–1929 年平均＝ 100）

	1925	1926	1927	1928	1929	1930	1931	1932	1933
ヨーロッパ（ソ連含む）	96	94	99	102	108	108	104	106	110
北アメリカ	100	100	99	104	97	95	100	100	90
ラテンアメリカ	96	98	101	105	100	105	101	100	105
アフリカ	97	96	97	103	107	106	104	108	112
アジア（ソ連、中国除く）	98	97	100	103	103	105	102	102	106
オセアニア	92	101	98	106	103	113	116	126	119
世界	97	97	99	103	103	104	103	104	104

（B. Nogaro, La Crise économique dans le monde et en France, p. 152.）

して、生産そのものの概要を知ることである。

先の表の数字の中に、1925-1929年の工業生産を特徴付ける力強い発展のようなものは見られない。しかし反対に、気候条件で十分に説明できるくらいの多少の変化はあるが、生産量はほぼ変わらない。恐慌が始まった時に、農業生産は少しも衰える傾向が見えないことは本当である。このことは、大幅な価格下落を説明することはできる。

しかし、これらの条件の中で、全般的な農産物の過剰生産があったと主張するためには、1925年から生産が需要を超えたことを認める必要がある。価格は当時、販売を規制し制限する国際協約のお蔭で、人為的に維持されたであろう（この時期には十二分の販売量があった）。しかし、これらの国際協定や国際カルテルは、売れない農産物のストック（在庫）の蓄積に行き着いたであろう。金融恐慌が、価格を維持するために成立した全ての協定、企業連合等々の解散を急がせたであろう。そしてそれ故に、蓄積された農産物の、市場への不意の急激な流入が起こり、破局的なペースで価格低下を強めたであろう。

以上が、とりわけB.ノガロによって主張された説である。しかし、事実においてそれを証明するのは容易ではない。多くの農産物について、ストックの算定はほとんど不可能な作業である。なぜなら、ストックは無数の小経営の中に分散しているからである。傷みやすい農産物、例えば肉類についてはストックの概念そのものが、缶詰あるいは冷凍冷蔵機産業の水準においてしか意味を持たないであろうし、これらの産業は今よりもこの時代にはまだ進歩していない。実際、B.ノガロ氏は、ごく少数の農産物についてしか正確な論証をしていない。

それで、先ずは同氏による世界（ソ連を除く）の小麦についての数字を見てみると（B. Nogaro, Les Prix agricoles mondiaux et la crise, pp. 57–59.）、1928–1929年から1933–1934年まで、消費に対して生産の非常に大きな超過も、非常にコンスタントな超過も示唆していない。しかしながら、…S. D. N.（国際連盟）の統計をベースにした…ストックの動向を見ると、1927年の6億9,500万カンタル（1カンタル＝100kg）から漸増して1934年の17億8,100万カンタルへと、およそ2.5倍になっている。この動きははるかに憂慮すべきことであったであろう。

同様にノガロ氏によると、綿花のストックは1920–1921年期にはすでに多く（およそ1,100–1,400万梱）、1923–1925年期には600–700万梱に落ちていたが、1932年には1,700万梱と見積もられるまで漸次再上昇した（同書、p. 104）。

しかし、はるかに意味が大きいのは、世界における砂糖の明白なストックの動向であると、我々には思われる。すなわち、1924年に100万トンであったものが漸増して1929年に280万トンになり、1930年に550万トン、1931年に980万トン、1932年に700万トンへと急増している。この例からはっきり見えるのは、ひと度恐慌が始まると、すなわち消費と金融メカニズムが打撃を受けると、ストックが警戒すべき割合で増えたということである。

結論しよう。すなわち、若干のケースにおいて、若干の農産物の、程度の差はあれ潜在的な過剰生産が販売不足と価格下落を強めることによって、恐慌の悪化に至ったことはあり得る。しかし、全般的な、大量の過剰生産が、例外的な状況、例えば世界大戦の余波によるにせよ、よらないにせよ、1929年のあの経済の大異変を説明できる、と言わせるものは一切ない。

経済学者はここで止まるかも知れない。しかし、歴史学者はさらに進まなければならない。なぜなら、現代の多くの人たちが過剰生産神話を信じたことは一つの事実であり、そして我々は、支配的な見解が修正された今日、そのことははっきり分かるからである。こういう見方の変更のおもしろい一例が、ラブデイによって提示されている（Loveday, 前掲書, p. 50.）。彼はこう我々に指摘した。1923年から1929年まで記録された年率２パーセントの成長率は、《当然のことながら》例外的であって、通常の成長というよりはむしろ再建を示している。そして、もしこの率が続かねばならないとしたら、世界は発狂したであろう！　と。今日、２パーセントというこの成長率は一般的に、安定化（調整）の時期を除けば、先進工業国にとっては不十分とさえ見なされる。しかしこの時代には、ジャック・デュボワン（Jacques Duboin）のような言論人が、電撃的な技術進歩の若干例を根拠にして、世界は豊かな時代に入り、もはや伝統的ないかなる経済法則も当てはまらないと、飽きることなく繰り返していた。同じ時代に、《テクノクラート派》のアメリカ人は類似の考えを主張した。恐慌になった時、こうした考え方のために、自然に諸国の政府は生産制限あるいは貿易等の対策に解決を求める方に傾いた。これは我々がよく言う、《経済的マルサス主義》であった。

なお我々が、ここで指摘するしかない一つの問題が残る。なぜなら、それは前もっての基礎学習なしには扱い得ない問題だからである。過剰生産の仮説は、もっともシンプルな意味では理解され得る。しかし我々は、この仮説は事実によってはほとんど支えられないことをここで示したと信ずる。より洗練された表現の仕方をすれば、この仮説は、悪い所得分配による、相対的過少消費の仮説となる。それならばこれは、非常にクラシックな命題ということになるのであるが、しかし、勤労大衆、そして大消費者群が1919年から1929年まで、以前より乏しくなっていたと信じさせるものは特に無かったということなので、この命題は厳密な論証テストの対象になるほどのことはなく、確認してみるためだけの対象となった。残るのは、大きな人口趨勢《すうせい》の変化による過少消費の仮説である。この説はこの時代の二つの大きな新事実に依拠できるであろう。すなわち、一方で、最大の顧客でもある大工業諸国での出生率の顕著な低下であり、他方で、アメリカへの移民のほぼ全面的な停止である。アメリカ移住においては、とりわけ1890年から1914年の間に、多くの移住者や、これらの人たちから下積みの仕事を引き継いだ人たちの経済的昇進がかなり早くから現れており、彼らの購買力は著しく増加した。人口の諸要因は、測定はかなり難しいにしても、恐慌の発生にではなくて、その長期化に大きな役割を演じたであろう。

4 ウォール街の株式大暴落とアメリカの恐慌

投機の圧力

ベンジャミン・ストロングや、同様にアメリカと世界における金融安定の確保に努めていた人たちが恐れていたのは、大きな投機圧力がアメリカの脆い均衡状態を覆すことになるのではないか、ということであった。アメリカの歴史はこういう熱気の例がいっぱいあり、しかも破滅をもたらす前には、それまでなかった強力な経済発展に大いに貢献したのであった。今や状況は類似してきた。1921年の、急激であるが短かかった恐慌の後、欧州諸通貨の漸次的回復や、戦後再建の必要から生まれた活動が、アメリカ経済界の生来の楽天主義を一段と強めることになった。当時、アメリカのエコノミストたちの間には、循環的経済恐慌の再発を間違いなく阻止し得るテクニックが考えだされている、との信念がかなり広まっていて、これが慎重さをすっかり失わせることに与って力があった。

投機は先ず土地に向かったが、これはアメリカにはよくあることだった。しかし今回は、急成長を遂げつつある商工業都市の隣接地域が対象ではなかった。土地の値上がりは、時代の印であるが、太陽とバカンスの楽しみに関係していた。区画整理熱と建設熱が、かつてフランスのコート・ダジュールで起こったように、1925-1926年にフロリダを席捲した。やがて、フロリダの自然は、誘致案内書に書いてあるほど寛大でも慈悲深くもないことを、サイクロンの破壊力が証明する役を担った（J.K. Galbraith, The Great Krash, pp. 17-19.）。

その頃からすでに、有価証券（株式）の大ブームが、とりわけニューヨーク証券取引所（株式取引所）で起こり始めた。この場合注目すべきは、値上がりしたのが、最も将来性があると見なされた工業株以上に、（1921年には最も値下がりしていた）鉄道株や公共企業体株であったことである（L. V. Chandler, Benjamin Strong, p. 425.）。株式取得者たちはそれ故、短期間でのキャピタル・ゲインを求めたのであって、この繁栄期の経済的展望に引き付けられたためではなかった。すでに自動車の発展に脅威を受けていた鉄道の場合は、その点で、多いに考えさせるものがあろう。今回の値上がりの投機的性格はその上、株式購入のかなりの部分が《利ざや目当て》に、すなわち、主として、一覧払の借金によって行われた事実によって際立つ。これら一覧払の貸付の利子率はやがて、理解しうるあらゆる限度を超す。（ちなみに、ニューヨークにおける《コールローン》の平均利子率は、1925年1月の3.32パーセントから1929年9月には8.62パーセントに上昇した（L. Robbins, La Grande Depression, p. 255.）。

一覧払貸付の、このような利子率が引き起こした直接の結果は理解し易い。すなわち他の借入、例えばより生産的な目的を持ちながら、同等の利子報酬を支払えない借入は、難しくなるか不可能になる。これに関し重要であり、またよく知られた例を二つだけ取り上げると、一つはイギリスの金融安定の場合で、イギリスは当時、相当程度、短期の信用供与に依存していたが、やがて危機に曝されることになる。なぜなら流動資本が、極大利得を求めて、ロンドンを離れニューヨークに向かうからである。他方、アメリカにおける建設業は、1929年初めから、受け入れ可能な条件で借入ができず、業績の鈍化を見る。これが二つ目である。

吸い寄せられたこの資本は、証券市場にではなく、投機のための貸付に向かうもので、以下の数字によって例証される。

《ブローカー（株式仲買人）》への貸付
（100万ドル）

	合計	うち非銀行系貸付
1924年12月31日――	2,230	550
1926年12月31日――	3,290	1,300
1927年12月31日――	4,430	1,830
1928年 6月30日――	4,900	2,860
1928年12月31日――	6,440	3,885
1929年10月 4日――	8,525	6,640

(L. V. Chandler, Benjamin Strong, p. 425.)

一つの事実が特に我々の注意を引き付ける。それは銀行の通常営業が、《ブローカー（株式仲買人）》への貸付から成り立っていることである。それでこの時期には、株式ブローカーへの貸付の膨張は、主にノンバンク（非銀行）系の資金によって起こっている。特に商工業者がそれを熱心に行っている。ところがこれらの業者（企業）はほとんど預金を持っていない。と言うことは、要求払いの貸付だったために、彼らが見かけは確かなこれらの貸付に利用するのは、大部分は会社の運転資金である。こういうやり方の結末は間もなく明らかになるであろう。

大暴落

1929年秋、一般に幸福感が満ちていた時、突然、ニューヨーク証券市場の株式相場が下がり始める。これらの現象の詳細な叙述は試みても有益ではない。一日一日の上り下がりの変化は株式市場に関しては一般的なことだからである。主要な特徴を指摘するに留めよう。同年9月、それまで騰貴にむかっていた全般的趨勢がいったん静まり、そして反落の様子をわずかに示しさえするように見える。10月の最後の週、文字通りの雷鳴が轟く。売りがあらゆる記録を破る正にパニックの二営業日で、相場が崩落。二日というのは、おおよそ1,300万株が売られた24日と、とりわけ1,650万株が売られ、ニューヨーク・タイムズ紙の工業株価指数が43ポイント下げて、それに先立つ12ヵ月の上昇をふいにする29日である。さらに異常なことに、株式市場の下落は滝のごとく、数年間続こうとしている。ちなみに、ニューヨーク・タイムズ紙50銘柄平均株価は、1929年の251.08ドルから1932年の57.81ドルに下がっている(Broadus Mitchell, Depression Decade, Appendice 1.)。

株式相場指数
(1935–1939 = 100)

	総合指数	工業株	鉄道株	公共企業株
1929年9月――	238	195	446	375
1930年前半――	175	141	364	276
1932年6月――	36	30	38	64

(L. V. Chandler, Benjamin Strong, p. 425.)

逸話を好む著者たちは、何が恐慌を発生させ得たのかを、ずっと以前から調べていた。しばしば、イギリス人産業の騎士、クラレンス・ヘイトリィの破産(1929年9月20日)に原因があるとされた。ヘイトリィは今日ではあまり知られていないが、自動撮影用カメラボックスとスロットマシーンの発明者である。他には、全ての悪の根源はイギリスの礼儀を知らない大蔵大臣のせいだ、という風変わりな説もある。1929年に大蔵大臣であった労働党員のフィリップ・スノードンは、フランスの大蔵大臣アンリ・シェロンの予算を《珍妙で馬鹿げている》と形容すべきだと信じ、それを知ったシェロンは侮辱されたと思った。その結果、ロンドンから資金を引き揚げた。イングランド銀行はポンドを守るために、1929年9月に割引率(利子率)を4.5パーセントから6.5パーセントに引き上げなければならず、こうしてニューヨークから資金を引き寄せた。

実際には、株式取引所においては、株の下落は不可避的に上昇の後に続くことを観察することができる。正しく株の取引には循環があり、それに対しては経済・物価の専門家も何もできない。それは次のように説明することができる。すなわち、株式市場においてある工業株が、例えば急に上昇する時、株式配当金はそれ自身増えるにしても、株価の急上昇には追い付かない。そのことから結果するのは、株式収益率すなわち利回り(買い入れ価格に対する配当金の割合)は減少することである。ある一定の時間の後には、問題の株式はもはや有利な投資ではない。キャピタル・ゲインではなく、投資収益を求める人たちは株式を買うのを止め、売り始める。臨時の措置ではあったが、イングランド銀行の割引率(利子率)引き上げそれ自体は、ロンドンから短期資金を引き寄せてポンドを脅かしたニューヨーク・ウォール街の《ブーム》の直接の結果であった。ただし、この引上げがいかに急激であったにしても、趨勢の逆転を引き起こすのに十分であったかどうか疑わしい。というのは、《コールローン》の利子率がそれより高いままだったからである。

しかし、《大暴落》が結局は、アメリカの通貨当局自体によって引き起されたことは、十二分にあり得る。通貨当局はよく事情を承知していたので、一般の株式熱には与せず、ずっと以前から《ブーム》に歯止めを掛けようとしていた。それとなく行った勧告が効果のないままであったので、連邦準備制度は行動に出る決心をしたのである。1929年夏、割引率は5パーセントから6パーセントに引き上げられた。これは疑いもなく十分ではなかった。利子率への働きかけに加え、信用量の縮減のためにずっと効果的な努力が払われた。かくして諸連邦準備銀行の有価証券保有額は、公開市場操作（オープン・マーケット・オペレーション）の結果、1929年の7億200万ドルから同年7月には2億2,200万ドルに急減した（通貨流通量は急減した）。J.K. ガルブレイスは、介入が遅すぎ、弱すぎて騰貴の波を止められなかったとして、連邦準備制度当局を非難する。疑いもなく、遅すぎた、弱すぎた。それについて議論はあり得る。

ともかく、これら当局者の慎重さは理解できる。なぜなら、こうした信用制限の反響を正確に予測するのはかなり困難だったからである。いずれにしても、株の暴落があれほど長期にわたって続いたこと、そしてあのような規模になったことを誰も予想しなかった。疑いもなく、心理的に下落は下落を呼ぶことは、よく知られた事実である。つまり、値上がりで儲けるためにのみ株を買う人は、トレンドが逆になるや否や、買うことを止めて売り始める。しかし、永続的な投資に対してこのような投機の大きさがどのくらいかを予知することはできない。実際、1929年に全ての人々は、純然たる投機の異常な大きさによって誤りに気付かされたのである。そのうえ、心理的現象のみが役割を演じたわけではない。《利ざやを求める》買い手に、（借金で）購入されるその株を担保に資金を貸し付けていた人たちは、株の値下がりでその担保価値が下がるのを見た。

従って、彼らは貸付を減らした。彼らは、株を買おうとする投機家たち自らが、購入価格の最大部分を現金で賄うことにしてもらったのである。金に詰った投機家たちは、自分の株を一部売る以外に方法がなく、株が下落するにつれてその傾向はますます強まる。《連鎖反応》という言葉はまだ考え出されていなかったが、ウォール街の株式大暴落とその経済的諸結果を説明するのに何よりも適したものであろう。

株式恐慌から経済恐慌へ

ニューヨーク株式市場崩壊の後に、あらゆる時代のうちで最も深く広範な経済恐慌が続いた。しかしながら、両者の関連は自明ではないし、非常に理解しやすいと言ったものでさえない。今日の株式恐慌は、通常の結果として、長期投資をより困難にするが、日常の経済活動には影響しない。また、19世紀の諸恐慌は、あまりに巨大に、また費用が掛かるようになった新しい企業が、期待収益を、すなわち出資者たちにほのめかされていた収益をもたらさなかった時に生じた。株が《暴落》しても、経済循環が転換するサインでしかなく、その原因ではなかった。しかし、1929年の大恐慌は同じようには言えず、例えば、かつて一時的に製鉄業に過度の発展をもたらした鉄道建設熱の結果、起こったものと同じではない。自動車と石油は、若干の点では20世紀の経済発展の原動力として後を継いだとも言えるが、1873年における鉄道建設や製鉄業の役を1929年に演じたとは思われない。

しかしながら、1929年の《大暴落》もこれまた一つの兆し、あるいは、むしろ一つの反映でしかなかった、との主張がなされた。経済活動を示す若干の指標が、数か月前、さらには数年前にも上昇傾向から下降傾向に移っていたことが強調された。しかし、これらの情報によって得られた教訓は、あまり人の目を引くものではなかったに違いない。と言うのは、この時代の最も高名な経済学者の大部分が、破綻の前夜でさえ臆することなく最も楽観的な予測を立てていたからである。それらの指標のうち最もはっきりしていたものの一つは、建設業の活動であった。この産業は1928年以来目立って減退しつつあった。しかし、我々が先に見たように、それこそ株式投機の結果そのものであった。これを経済不況接近の前触れと見なすのは、それ故、一つの循環論にかなり類似した思考法である。J. K. ガルブレイスは、1929年秋の株式大暴落、大危機はそれに先立つ投機ブームから必然的に生じたものであり、それに続いて大不況が起こった、と観察する。

こういう見解がある。株式投機は相当程度、アメリカ社会の全階層にその吸引力を及ぼした。そのため相場の下落が最大多数の人々に対して直接の莫大な損失をもたらし、企業では財務のバランスが危うくなるのを恐れて急ぎ株式購入を制限するほどであった。当時のあるジャーナリストの表現によると、株式ブームは《子供たちの十字軍みたいなもので、鍛えられた騎士の冒険ではなかった。1924–1929年の歴史を研究するものはこの事実、すなわち肉屋、パン屋、そして、ろうそく製造人までが前例のない規模で株式市場と関わりあったことを無視することは許されない。》しかし、アメリカ上院のある調査はこの説を消散しさえする。すなわち、1929年におよそ150万人の株式取引所の顧客があり、そのうち60万人が信用取引を行っている。その当時、アメリカには4,000万人の世帯主が数えられたということである(H. G. Warren, Herbert Hoover and the Great Depression, p. 106.)。

それでは何が起こるのかを理解するために、信用制度を振り返ってみる必要がある。株式市場の最初のころの破局的立ち合いの時、各々銀行は、それ自身株で損したのもそうでないものも、新しい事態に対処するためのなすべき準備がある。銀行は、その預金者が株で金を失ったからにせよ、不安が伝わったからにせよ、預金者からの異常な額の預金取り付けを予期するはずである。銀行はそれゆえ、手許金を増やそうとする。すなわち貸付を減らそうとし…商業、工業、農業は間もなくそれで迷惑する…、銀行自身が他の銀行に預金している金の一部を引き出す。これらはすべて慎重に内密に行われる。なぜなら、本物のパニックを引き起こす以上に悪いことはないと思うからである。それで、数か月間、大衆、そして当局さえも前例を根拠に、恐慌は短期であろう、回復すら垣間見えているとの印象を持つかも知れない。しかし、それは連続する過程、雪だるまを作る過程なのである。知っておくべきことがある。アメリカは、その法律により、フランスが持っているような、多数の支店を持ち、全国的に広がる大規模な預金銀行を持たないことである。大規模銀行なら全体の計算書を作成することができる。これに反してアメリカの銀行は、一つの州においてしか営業活動ができない。当然、銀行は他州の一連の銀行と…そして会計上、債権者または債務者として…関係を持つ。しかし、アメリカの銀行は他州の銀行について正確な事情を知らず、それでこの不確定要素がリスクを増大し、また予防措置の効果を倍加する。一例を挙げるならば、ドーズ将軍…1924年の賠償プランにその名を冠したあの人物…の経営する銀行が12万2,000人の預金者を持っていた。その755の提携銀行が15州に散在している。これらの銀行は、合わせて650万人の預金者を持っていた。その内の2万1,000の預金者が銀行であって、それらが総数で2,000万人の預金者を持つ（Broadus Mitchell, 前掲書, pp. 78-80.）。このようなピラミッドの動揺が生じさせる影響を、我々は想像するのである。

この貸付制限をもたらした不安、恐れが根拠のないなものでなかったことは、数字が示している。すなわち、1929年に642件の銀行破産が生じた。1930年には1,345件あり、預金総額は8億5,000万ドルであった。1931年には2,298件の破産で、預金が16億ドルであった。しかしながら、この期間に諸銀行が同意した貸付と投資は、1929年秋時点の合計より90億ドル以上少なかった。付言しておきたいのは、貨幣流通の90パーセントは小切手の形になっており、このことは取引の90パーセントが信用で行われたことを意味している。一銀行の破産が、それ故、多数の預金者の活動を文字通り麻痺させたのである。

手元資金を増やそうとする銀行のこの努力が、企業に対して段々大きな金融圧力を及ぼしたが、かなりの数の企業がすでに、株式仲買人《ブローカー》への貸付で、彼らの資金の一部を危険に曝していた。

恐慌の諸相

当然のことであるが、信用貸し制限の第一の結果は、財務状態が特に脆弱になっていた企業を破産に追い込んだことである。例えば、商工業の倒産件数は1929年の2万2,909件から1932年には3万1,822件に、負債総額は同じ期間に、4億8,320万ドルから9億2,830万ドルに増えた(Broadus Mitchell, Annexe lll.)。

しかし、それよりもっと一般的な影響がある。第一に価格の全般的下落である。実質所得あるいは予想所得の減る人は買わなくなる。耐久財については、下落が下落を招く。なぜなら、物価が下落する傾向にある時には、多くの人はもう少し待てばもっと安い値段で買い物ができると計算して購入を延期するからである。

それゆえ、物価の下落は著しくなり、1929年から1932年までの4年間に物価水準は全体として30パーセント下がった。農産物価格は1929年には相対的に高い水準にあったが、結局は非農産物価格よりも下がって50パーセント以上も失っている。それゆえ、全体的に捉えれば、恐慌で最も被害を受けるのは農業者階層であろう。事はかなり驚くべきことである。なぜなら農産物の最大部分を占める食料品は、購入を中断する、あるいは延期することが最も容易でないものだからである。

恐らくこの明白なパラドックスをより理解するには、供給の縮小が価格低下を止める効果があるに違いないとすれば、産業がどの点までその生産を減らすかを測定することであろう。後に見るように、農産物生産を減らすために行われる同様の試みが、ずっと大きな困難にぶつかったのである。

一方、工業生産指数（1928年＝100）を見ると、1929年２月の105から漸減して1932年の８月には半分の54へと下がっている（Lionel Robbins, 前掲書, p. 242）。このような下落は当然、企業に対して売上高と利益の著しい減少をもたらす。《連邦準備委員会 F. R. B.》の全米商工業758社に関する統計によると、利益合計は1929年の28億9,700万ドルから漸減して1931年には6億6,700万ドルに、1932年には1,000万ドルの赤字へと転じている（J. H. Strohl, L'Oeuvre de la conference de Londres, p. 168）。しかし、そのことは勤労者にはどのように現れるのか。

第一の事実は、非常に一般的な法則に対応するもので、名目賃金はほとんど下がらず、いずれにしても物価よりもずっと下がらないことである。ちなみに総賃金額指数（1913年＝100）を見ると、1925年１月の212から1930年に226へと少し上昇した後、1933年１月には173に下がっている（Lionel Robbins, p. 256.）。このことは、勿論、実際の報酬が、労働時間短縮のために、ずっと減少することも暗示する。それに、この部分的失業よりもさらに、完全失業を考察しなければならない。

しかし、ここで前もって注意が必要である。1929年において、アメリカには他の多くの国々と同様に、公的で完全な失業調査は存在しない。それで恐慌の圧力の下で行わざるを得なくなった見積もりというのは、企画者と用いられる実施方法によって幅が広い。かくして、フーバー大統領の命令により、最初の試みがアメリカで行われ、失業者の数を10年ごとの調査でまとめることになる。得られた数字によると、1930年4月時点で318万7,000人の失業者がおり、そのうち120万人は《摩擦的失業者》、すなわちその仕事を一時的に離れただけで、別の仕事に就く直前の人々と見なされる。したがって、残るのは200万人の《実質的失業者》である。同じ時に、商務省のよく知られたある専門家は、失業者の実数を450万人と見積もっている(Broadus Mitchell, 前掲書, p. 91.)。それゆえ、ここで用いる失業者統計は、残念ながら文字通りに取ることはできず、せいぜい失業規模の程度、推移の方向だけ見られればよいのである。

(単位　100万人)

	民間勤労者数	失業者	失業率
1929年――	47.8	1.5	3.1%
1930年――	48.4	4.2	8.8%
1931年――	49.0	7.9	16.1%
1932年――	49.6	11.9	24.0%
1933年――	50.1	12.6	25.2%

(Broadus Mitchell, annexe vll.)

いずれにしても、失業者数1,200万人はいかに規模の大きいアメリカ経済にとっても膨大であり、後世の歴史家と同様に当時の人々を最も驚かせたものである。

もし恐慌をグローバルな数字で測定しようするならば、—ただしこれらの数字は、失業者数よりなお一層の慎重さをもって集められているに違いないが—次の数字を挙げることができる。すなわち、アメリカの国民所得は1929年の874億ドルから1932年には417億ドルに、支払賃金総額は同じ期間に500億ドルから300億ドルに減少している（A. M. Schlesinger, The Age of Roosevelt, t. l, p. 248.）。そこから考えられるのは第一に、50パーセント以上の経済収縮の法外さであり、次いで賃金生活者、とりわけ工業賃金生活者の賃金の40パーセントの減少という事実であるが、彼らはそれでも相対的には恵まれていたことには驚かされる。彼らのうち、まずまずの労働時間で、何とかその職を守ることに成功した人々は、疑いもなく、物価下落のために物質面での境遇の改善を経験した。企業主と自由職業人の所得は、—疑いもなく多くの場合、多額のままであったが—しばしば著しい低下を記録した。しかしながら、最も厳しく、最もドラマチックな惨状は、異論の余地なく工業失業者大衆の窮乏であり、また、自らの耕地を失った農家の貧困であった。それについてジョン・スタインベックは、痛ましい叙事詩（『怒りの葡萄』）を書き、それを不滅にした。

初期の恐慌対策

非常に早く、アメリカ政府は株式取引の危機に気づき、あり得る経済的反響を食い止めることに専念した。1914年以前には、このような場合には介入しないことが公権力にとっての決まりであった。これについては幾つかの理由があった。先ず第1に、企業の自由に対する配慮である。しかしまた、恐らくはそれ以上に、恐慌はそれに先立つ発展の行き過ぎに対する当然のリアクションであるから、恐慌は不健全な状況、考えが甘く軽率な企業、高すぎる物価を矯正し、清算するものだ、という考え方があった。この清算の邪魔をすることは回復を阻害するか、あるいは遅らせるだけであった。こうした考え方は、1929年においても、大統領府の重要メンバーであったアンドリュー・メロンによって支持された(このようなメロンの姿勢は『フーバー回顧録』のなかで伝えられている)。

しかし合衆国大統領、ハーバート・フーバーは全く違った見解を持っていた。革新的な経済学者たちの説を採り入れて、フーバーは《周期的経済恐慌防止》政策によって恒久的繁栄を確保する可能性を信じていた。しかし他方で、合衆国憲法の番人であるフーバーは、それを最もリベラルな意味に解釈した。すなわち、連邦政府は、彼の意見では、州および地方行政府の責任、そして市民の自由の問題に抵触しないよう細心の注意を払わなければならなかった。差し迫った恐慌に対する連邦政府の役割は、民間活力を導入、調整することであって、当局の介入政策をもって民間活力に替えることではなかった。したがって、フーバー大統領は株式大暴落後、数日間のうちに大企業経営者たちを招集する。大統領は同時に彼らを安心させる言明を色々と行う。これは後で大変に批判されるであろう。それらの言明はしかしながら、彼の無知と不注意を証明するのではなく、恐慌は相当に心理的なものだという彼の信念を証明したものである。したがって、彼の役割は、ともかく、悲観的な公式宣言をしてパニックをつくり出すことではなかった。

これらの企業経営者の会合（後にNBSC＝全国ビジネス調査会議として組織される）でフーバーは、出席者たちから三つの約束を得ようと努める。すなわち、賃金率を維持すること、雇用を安定させること（労働者の解雇を避けること）、そして建設工事数を増やすこと、の三つである。何といっても、不況の時に貯蓄するという根を張った習慣に対処することが大切である。これこそが、周期的恐慌阻止政策の始まりである。すでに見たように、恐慌の初めの頃、賃金率は十分に維持されたにしても、反対に失業は急速に増加した。建設業の活動はどうであったかというと、公権力が注文を出して直接そこに介入することができたので、実際フーバーは遅れることなく有名な《ボールダー・ダム》を含めて大規模な公共事業計画を打ち出した。しかしその精力的な努力にもかかわらず、建設契約額は以下のごとく推移した。

（単位　10億ドル）

1928年――――	6.6
1929年――――	5.75
1930年――――	4.50
1931年――――	3
1932年――――	1.30

1929年に民間建築数は全体の75パーセントを数えたが、1932年にはこの割合が42パーセントに減った。公的建設数は1931年まで維持された。もしこれが、その後、連邦政府の大規模なプログラムにもかかわらず激減するとするならば、それは地方自治体が財源枯渇に至ったためである（A. V. Romasco, The Poverty of Abundance, pp. 57–58.）。

では一体どうして、様々な経済部門では、その代表たちが行った約束にしたがって、フーバーの努力にほとんど答えなかったのか。悪意によるものだとする説明は十分ではない。なぜなら、結局フーバー・プログラムは、成功すれば全ての利益に適ったのであるから。実際、もし企業が人から期待されることをしなかったとするならば、それは企業がそれをできなかった、つまり、彼らの現実的な理由、すなわち企業財務に対する基本的な慎重さ、そういう考慮によって彼らはそうしなかったのである。しかしフーバーは有名なエンジニアであり、大戦直後ヨーロッパへの救済行政でその力量を証明した組織能力のある人物であるが、信用のメカニズムを理解していなかった。このことこそフーバーの行動が非能率であったこと、あるいは必要な措置を取るのがあまりに遅すぎたことをかなりの部分説明するものである。

しかし、株式投機を食い止めたいと思っていたので、恐慌の突発においておそらく、一つの大きな役割を果たしていた専門家の通貨当局は無知ではなかった。それで実際、当局はその権限内にあったことを行った。ニューヨーク連邦準備銀行の割引率は、1930年には4.5パーセントに、1931年1月には2パーセントに、同年7月には1.5パーセントに引き下げられた。同様に連邦準備制度は公開市場操作によって信用基盤の拡大に専念する。

諸連邦準備銀行の手形引受高および有価証券保有額
(100万ドル)

1929年 9月———	394
1930年 1月———	799
1930年12月———	901
1931年10月———	1,425
1932年 6月———	1,747

(L. Robbins, La Grande Depression, p. 247.)

しかし一中央銀行の行動の結果として、その政策にシンメトリィ(対称性)はない。すなわち、ある状況において、中央銀行は実際に割引率の引き上げによって、また、とりわけ公開市場政策によって信用量を減らすことができるとしても、逆の状況において、信用供与をより安く、より容易にすることによって信用量を自動的に増やす、という結果にはならない。それでもなお、信用供与は求められなければならないのである。ところが、こうした新しい信用量拡大のための便宜、手段を必要とするには、契約の縮小へ向かう一般的傾向があまりに強く、あまりに根深かった。

これらの便宜はしかも、自らの限界を持っていた。すなわち、連邦準備制度(連邦準備銀行を含む)は自由市場において国公債の買い入れを増やして、同制度に対する諸銀行の債務《dettes》を縮小し、その結果として、諸銀行が同制度に引き渡す商業手形を減らした。ところで、貨幣(ドル)流通量は法律上、少なくとも45パーセントについては金により、残りは商業手形により担保されていた。諸連邦準備銀行によって保有される多くの商業手形が、恐慌と公開市場操作のゆえに縮小することは、それ故、ドルの保証を脅かすに至った。1932年のグラス＝スティーガル法が対処したのはこの危険に対してである。そうして以後、国公債は、商業手形と同じ資格で、貨幣流通の保証を補完することができたであろう。しかし、ここで配置されたのが、潜在的インフレの注目すべき手段であった。

この間、銀行機構がますます憂慮すべき事態になったため、結局フーバーは自らの原則を曲げて、1917年の戦時経済の前例から直接着想を得た措置を講ずることになった。すなわちそれが《再建金融委員会＝RFC》であり、これが1932年の初頭に機能し始め、初めて連邦政府資金5億ドルを支出させ、困難な状況にある大企業、とりわけ鉄道と銀行を救済することになった。この措置は、恐慌が先例のない拡大を見せていたこの時、規模が限定的であり、またかなり遅れた。そのうえ、社会的にも批判された。つまり、フーバーは《小さな人々》に対しては厳しく最後まで貫き通した不介入の原則を、《肥えた人々》に有利に曲げたと非難されたのである。

フーバーが非難されたのは、とりわけ失業に対する態度の点である。アメリカには、他の多くの国々におけると同様に、その当時失業者に援助物資を配達する任務を持つ全国的な機関は存在しなかった。このような制度は当時、労働市場における需要と供給の働きに対する障害として原則的に批判されていた他に、イギリスの《失業手当》の例のために、教条的偏見の少しも無い多くの観察者もそうした制度を持つ気は無くしていた。その制度の中に意気阻喪の影響を見る人もいるし(イギリスの多くの労働者はもはや抜け出そうと努力することなく失業の中に腰を落ち着けてしまっている)、そこに1921年以来ほとんど止まないイギリスの経済恐慌の原因の一つを見出す人もいる。貧困者を救済する仕事は、民間の慈善団体と地方自治体に委ねられた。初期においては特に、顕著な努力が民間のイニシアティブによってやり遂げられた。他方、救済を求める前に、多くの失業者はお金を使い果たし、両親、友人等からの援助に頼り、場合によっては小銭のために街頭でリンゴを売るといった仕事もしたが、繁栄の数年間に蓄積された財力はかなり大きかったと思われる。と言うのは、恐慌の最初の数年間は失業の規模と期間にもかかわらず、重大な社会的混乱もなく過ぎたからである。それにもかかわらず、長い間にわたって公権力からは認められていなかった事態の重大性が、1931年以来、社会的連帯の任務を引き受けていた人々にははっきりとしてきた。この年、救済に支出された資金の70パーセントは公的資金、とりわけ州と都市のものであった。しかしながら、130の都市全体で、救済のために集まった資金は、1931年には1930年に対して15パーセント増加したが、救済支出の方は、1931年9月には前年同月に比べてフィラデルフィアで404パーセント、シカゴで267パーセント、ニューヨークで125パーセント、クリーブランドで134パーセント、セントルイスで214パーセント増加した。大都市および主要工業州の財政状態が絶望的な点に至り、1932年には若干の自治体職員は数か月間給料の支払いがストップした。それでも地方政府の救済努力は不十分であるに違いなかった。1931年の終わり頃、ニューヨークでは失業による月給の逸失は8,000万～9,000万ドルであったが、一方、一か月で救済事業によって配分された最高額は400万ドルに上った。これらの数字を比較すると、恵まれない人々の困窮と、恐慌色が強まる中、それから結果する購入の収縮を同時に測定することが可能となる（Romasco, 前掲書, pp. 150–170.）。

アメリカの伝統は失業手当に反対であったけれども、南方戦争以来、旧兵士に対する特別手当には好意的であった。1932年に、失業していたこれら兵士の多くは、支払期日がまだ先に約束されていた特別手当《ボーナス》の即時支払を要求し、ワシントンでデモを組織した。ここで彼らは夏の間キャンプを張って議会に圧力をかけたが、軍隊によって激しく追い散らされた。しかしそれは予告であった。すなわち、それまで社会に満ちていた相対的に平和的な様子は何時までも続かなかった。

しかしながら、死に瀕しているようなケースを除き、失業援助の領域には介入を拒否していたフーバーは、恐慌以前にさえ彼が介入していたもう一つの分野で失敗した。1929年夏に設立された連邦農場委員会（FFB）は、市場での買い付けによって農産物価格を維持して農業を助けるはずであった。しかし間もなく人々は、単なる価格維持は困難を長引かせ、増すばかりであることに気がついた。すなわち、高い価格が生産増加を導いたのである。農業者に対しては自発的に減産するよう努力がなされたが成功しなかった。1931年中ごろ、連邦農場委員会はもはや、役割を放棄して、自らが備蓄しておいた在庫を処分する事しかやらなかった。こうしてFFB自身が農産物価格の低下に拍車をかけたのである。その上、連邦政府の援助が至る所でますます必要となり、このテーマに対する多くの人々の考えが修正され始めた正にその時に、一つの新しい障害が出現した。その時まで黒字であった連邦予算が恐慌の結果、歳入の縮減を見たのである。1931年に不足が生じ、10億ドルという記録的水準に達する。その時から、予算均衡の回復がフーバーの不動の考えになり、その点では共和、民主両党の政治家のほとんども同様であった。すなわち、公共財政に対する信頼が揺らぐならば経済回復はあり得ない、と考えられたのである。

かくしてフーバーの大統領任期が終わる時、恐慌を軽視するどころか、人々は3年来恐慌と闘っていたのである。しかし、全ての正統的、あるいは伝統的な手段は失敗し、それで全く新しい道に踏み込む必要が感じられた。

懸案の諸問題

もし、以上において、経済恐慌発生の様子、また恐慌のアメリカ経済全体への波及の様子を説明できたとするならば、残る議論は、株式大暴落をもたらした投機圧力についてである。

この点についてもまた、ある人たちは逸話に頼った。すなわち、1927年春、イギリス、ドイツ、フランスの中央銀行の代表者たちがニューヨークにやって来て、この首都の連邦準備銀行がその割引率を4パーセントから3.5パーセントに引き下げる承諾を得た。(イギリス・ポンドを救うためであった。ポンドの安定は、もし利潤が見いだせなければ直ぐにもニューヨークに向かおうとする短期資金に緊密に依存していたからである。) それで、この時から、ウォール街への投機はコントロールできなくなったのであろう (J. K. Galbraith, The Great Crash, pp. 159-160.)。

この説明は支持し難く思われる。ガルブレイスが観察するように、投機が始まるのに信用貸(の利息)が安いということだけでは十分でなく—それに0.5パーセントの違いが決定的重要性は持ち得ないであろう! —しかし、このように推論する時、我々はこの時期におけるアメリカの通貨政策の複雑さを無視している。疑いなくアメリカの通貨政策は、ヨーロッパを困難な状況に追い込まないために、割引率をかなり低く維持するよう努めていた。しかし同時に、その政策は物価上昇を阻止し、ついでに投機を抑える目的で公開市場政策により信用量を縮減した。投機は、そのうえ、フロリダの土地の物語が示しているように、1927年よりずっと前に荒れ狂っていた。

もう一つの普及した理論は、不平等な所得配分についての理論である (同書, pp. 159-160.)。1920年代の繁栄の時期は、相対的に貧困層よりも金持ちにずっと多くの利益をもたらしたであろう。したがって、貧しい人々は、市場に増加、供給される商品量を買う手段を持たなかったであろう。この、いわゆる《過少消費の理論》はあまりに普及したので、ルーズベルトは1932年の民主党大統領候補指名受諾演説においてそのことに言及する。この理論は、この時代の多くの社会改革を補完する経済学的証明の役割を果たした。しかし、ここで我々は、過剰生産説に反対する説に類似の批判をすることができるであろう。すなわち、過剰生産は恐慌の後にしか見られなかった。とにかく、この全般的な過少消費と、1929年の具体的な恐慌、何よりも株式恐慌との間の関係を説明することが残る。ガルブレイスは、最も高い所得は大部分が贅沢品の消費—それゆえ変わりやすく減らすのが容易な消費—と投資に用いられるものだとして、その説明に専心しており、そして我々はここで株式市場に辿り着く。証明すべく残されているのは、大暴落の後に続いた恐慌の、先例のない広がりを説明するために、所得の配分が1921-1929年には、それに先立つ拡大の時期よりずっと不平等であったことについて、であろう。

しかしそのことが重要なのか？　問題は実際、なぜ株式投機が起こったのかを知ることではない。そのような例は歴史が沢山示しているので、そのような問いかけは少し浅い感じになる。真の難しさは、信用貸しに基づく投機、それゆえ余分な所得によって直接に供給されたのではない資金による投機の規模の大きさから生ずる。問題は、勝れて運次第のこの株式市場への投機が、あれほどまでに企業の運転資金を巻き込み、短期信用と支払の通常のメカニズムを危うくしたことがどうして起こるのかを知ることである。しかし、その問いに答えるためには基礎的材料が不足している。

5 恐慌の世界的拡大

アメリカの恐慌の反響

合衆国ほどの重要な経済の突然の後退は、外部世界への重大な影響を持たないわけはない。先ず第1に、生産活動と商取引の全般的停滞は等しく対外貿易の分野に現われる。以下の通りである。

アメリカの対外貿易
（100万ドル）

	輸出	輸入	収支（黒字）
1929年――	5,241	4,399.4	841.6
1930年――	3,843.2	3,061.9	782.3
1931年――	2,424.3	2,090.6	333.6
1932年――	1,611.0	1,322.8	288.2

(Broadus Mitchell)

1930年、議会によるホーレイ＝スムート関税法の採択により、すでに厳しい関税保護が一層強化され、事態は当然悪化するばかりであった。しかしながら、輸出は輸入よりなお減少し、したがって、1932年における合衆国の対外貿易が1929年の３分の１以下になったとすれば、それは何よりも全般的経済状態のなせる業であった。

アメリカの恐慌の、算定するのは容易ではないが、なお一層恐るべきもう一つの反響が、物価の分野に及んだ。すでに見たように、1929年と1932年の間に、非農産物の価格はおよそ３分の１下落し、農産物価格は50パーセント以上下落した。農業生産物と工業生産物の間のこの価格差は、恐慌の最も人を驚かせる特徴の一つであり、そのためそれについて多くの説明が提示された。最も本当らしいのは、次のようなものである。すなわち、農業と工業は、それらの生産物の販売不足となって現れる恐慌を前にして、別様に反応する。すなわち、工業においては一部の人員を解雇するか、パートタイムで働かせるかして生産を減らし、このことが企業の費用を減らす。そして、この生産削減が価格低下に歯止めをかける。しかし農業経営の大部分は家族的性格を持ち、それでとにかく賃金労働は、工業分野よりずっと小さな役割を果たす。農家はしたがって、その費用を減らすことができず、利益を維持するために、反対に生産を増やそうと努力する。こういう状況の中で、価格下落が速まる。

いずれにしても、アメリカの物価下落は非常に速く全世界に波及する。すなわち、合衆国は世界貿易の対象となる生産物の大部分を輸出し得るので、輸出競争国はアメリカの価格に足並みを揃えなければならない。この関係のもとで最も被害を受けるのが、ラテン・アメリカ、中央・東ヨーロッパ、そして同様に―しかし程度は少なく、微妙な差はあるが―アジアとアフリカの農業国である。これらの国々は、個別的に取り上げれば、世界経済の中で重みを持っていないので、我々は以下の諸章で、これらの国々について取り組むことは余りないであろう。しかし彼らもまた、打撃を受けている点を見過ごしではならない。

結局、合衆国は、大戦以来、世界への主要な資本供給国の一つになった。アメリカはこの点で、ある程度、イギリスの後を継いだと言える。

イギリスの対外長期投資
（100万ドル）

1913年――――	963
1923年――――	622
1924年――――	592
1925年――――	425

合衆国の資本純輸出
（100万ドル）

1924年――――	572
1925年――――	494
1926年――――	569

（G. Cassel,《Foreign Investments》[Lectures on the Harris Foundation] pp. 54-55.）

アメリカの貸付は、その重要性にもかかわらず、繁栄の時期においてさえ不十分であった。実際、それは相当程度にヨーロッパの再建という例外的必要性によって吸収されており、ヨーロッパ自身はもはや資本を輸出しなかったからである。したがって、後に《低開発国》と呼ばれる国々は、すでに投資不足に悩まされていた。

しかしウォール街の株式大暴落の直接的影響は、各々が、自己の約束に応ずるために、手許金を準備しておかなければならないことである。彼らはそれ故、再建の金額を回収しようとし、また新規貸付に応ずることは控える。我々はこのプロセスが合衆国自身の中で進行するのを見た。それは合衆国と外国との関係の中で同様に、否、なおのこと影響する。すなわち、資本の輸出は止まり、アメリカの貸付業者は資本の本国回収に努める。このことが、ヨーロッパにおける恐慌の劇的な発現の最も直接的な理由であろう。

中央ヨーロッパの恐慌

前に見たように、中央ヨーロッパの工業国—どこよりもドイツとオーストリア—は、アメリカの信用供与のお蔭でしかインフレ劇のなかで生き延びられないでいた。1924年秋と1928年秋の間に、外国で発行されたドイツ債は総額15億4,600万ドルであったが、その内10億3,900万ドルは合衆国に投資されていた(Robert R. Kuczynski, American Loans to Germany in Foreign Investments, p. 174.)。しかしこれで言い尽くされたわけではない。中央ヨーロッパの経済は、アメリカ資本の継続的流入に頼っていたのである。株式大暴落の前にも、ウォール・ストリートへの投機は、長期の（とりわけ建設業への）投資、そしてまた海外投資を犠牲にしてアメリカの資金を独占し始めていた。ドイツは、1928年に2億5,000万ドルを受け入れていたが、1929年にはもはや4,000万ドルしか受け入れていない（R. Lewinsohn, Histoire de la crise, p. 54.）。直ちに、この資金不足の影響が感じられることになる。1929年10月になると―ウォール・ストリートの大暴落の前―オーストリアの《ボーデン・クレジット・アンシュタルト》銀行の破産が認められる。ドイツでは財政負担が増える一方で税収は減る。事実、1927年以来ドイツは、国の拠出金に掛かる失業救済制度を設けており、この救済に必要な金額の増加が以後、財政の恒久的危機を引き起こす。1928年5月にドイツ政府は、7パーセント利子付の5億マルクの国債を売り切れなかった。

すでに指摘したように、株式大暴落以来、アメリカの諸銀行はその手許金を強化するために精いっぱいの努力を続けていた。その意図は、約束に応ずること、そして不安に駆られる顧客の払い戻しの要求に応えることであった。その影響は直ぐにではなかった。つまり直ちにパニックということではなく、特に始めのうちの反射的行動のことである。しかし、ある一定時間の後には、その影響がヨーロッパで、アメリカ経済におけると同様に感じられる。合衆国はもはや新規貸付を認めず、資金を本国に戻し始める。それで、ドイツでは、これらの貸付に対応する外貨（ドル）がライヒスバンク（中央銀行）に入っていた

ライヒスバンクの金・外貨保有高
（100万ライヒスマルク）

1925年1月 ────	1,112
1929年1月 ────	2,881
1930年1月 ────	2,694
1931年1月 ────	2,443
1931年7月 ────	1,609
1932年1月 ────	1,093
1933年1月 ────	923

(L. Robbins, La Grande Depression, p. 257.)

わけだから、ドイツ発券機関の正貨準備は逆調を記録する。

そして、これら外国からの信用供与は企業の運転資金の補給に役立っていたのであるから、金融困難は直ちに産業活動に影響した。ドイツの工業生産指数（1928年＝100）は、1929年の91から1932年には59まで漸減し、アメリカも同じ期間に漸減し105から54になった（L. Robbins, 前掲書, p. 242.）。これらの指数は両国の低下の並行状態を示しているが、我々は、アメリカとドイツの経済が遠距離にもかかわらず、すっかり似通っていることに驚かざるを得ない。なぜなら、イギリスの数字が違った印象を与えるだろうからである。ドイツとアメリカの関連について、もう少し細かく眺めると、1931年中ごろまで、ドイツの産業恐慌がアメリカの恐慌に先立つ傾向さえあることを観察できるが、それはドイツにおける諸企業の財務金融状況がアメリカ以上に脆弱だったからである。このことは注意しておいてよい一面であろう。

産業危機は当然、中央ヨーロッパ全体で著しい失業の増加を引き起こす。それについて我々は、少なくともドイツについてはある程度正確に跡付けることができる。ドイツは、前に見たように、アメリカと違って全国的な失業救済組織を可動させているからである。

3月末の失業者数
（1,000 人）

	1929	1930	1931	1932	1933
オーストリア ――――	225	239	304	417	456
チェコスロバキア ――	50	88	340	634	878
ドイツ ――――――	2,484	3,041	4,744	6,034	5,599

（L. Robbins, 前掲書，p. 245.）

反対に、たとえ雇用が減るにしても、名目賃金は持ちこたえる。これは、この時期のドイツにおいては非常に全般的であるが、特別に注目される現象である。このドイツのケースは、団体協約と義務的調停という、特に厳格なシステムの存在によって説明される。

ドイツにおける賃金指数
（1928 年平均＝ 100）

1928 年 1 月 ────	96
1929 年 1 月 ────	102
1930 年 1 月 ────	106
1931 年 1 月 ────	113
1932 年 1 月 ────	107
1933 年 1 月 ────	107

諸経済統計は、このように、少なくとも1929年以来続くデフレ進行のイメージを与えているが、純粋に歴史的な側面を述べるとすれば、それは新たな、相当程度に政治的な危機の印象を与える向きがあり、それが1931年になると経済的な危機にさらに付け加わることになるであろう。ある人たちは、1931年のさまざまな出来事は、収まりつつあった危機を再燃させた、と主張さえした。それは特に、フーバー大統領のケース、すなわち彼個人の責任、彼の国の責任、そして彼がその弁護人であった経済システムの責任を取り除くことを気に掛ける彼のケースについてである。ヨーロッパにおいてもやはり、この問題は国と国の間の議論の火に油を注ぐことになった。

ここで､順を追って事実関係のつながりを再び取り上げよう。1930年6月、ドイツ政府は、恐慌のために生ずる8億5,000万マルクの財政赤字に対処しなければならない。政府が提出する予算案が議会によって拒否されると、議会は解散される。そして1930年9月14日の選挙は、アドルフ・ヒトラーの国家社会党(ナチス)の最初の大躍進を生む。ヨーロッパは不安になり、ドイツの有価証券を売り、そしてドイツへの信用貸しの回収を始める一方、ベルリン政府は、ヒトラーが1919年以来ドイツ国民に対し、彼らの心の願いを満足させることによって発揮している魅力に真っ向から対抗しようと努める。1931年末、ベルリンとウィーンはオーストリア・ドイツ関税同盟計画を発表する。

全ヨーロッパはそこに、直ちにドイツとオーストリアの政治同盟、いわゆる《アンシュルス》(1938年のナチス・ドイツによるオーストリア併合)への前兆を見る。それこそベルサイユ平和条約によって禁止されていた行動であり、フランスとその中央ヨーロッパの同盟諸国が安全保障の理由から、絶対に阻止しなければならないことであった。政治的紛糾の恐れから、当然に、オーストリアからもドイツからも外国資金の引き揚げが加速されるであろう。

1931年5月、オーストリア最大の銀行、ウィーン・クレジット・アンシュタルト銀行が支払い停止に追い込まれる。これは、時々、特に散漫な、細心精密でない金融関係者を当然に襲うことになる破産の事例ではない。また、同じ時期に、クルーゲル・アンド・インスル銀行の営業活動を終結させた偽装倒産などとは何ら共通点はない。この銀行はロスチャイルド銀行につながる、長く根を張った銀行であり、その収支の大きさはオーストリアの全銀行の70パーセントに相当する。ウィーン・クレジット・アンシュタルト銀行の危機は正に、オーストリア自身の危機である。

したがって、オーストリア政府は自ら国際連盟に訴えながら、この銀行の救済に向かう。しかし初期の措置、すなわち国から同銀行への1億5,000万シリングの前貸しでは不十分であることが明らかになった。人々は段々破綻の大きさに気づいていく。しかしながら、イギリスでもやはり、外国資金の引き揚げが加速していた。1931年6月13日、ドイツ・ライヒスバンクはその割引率を5から7パーセントに引き上げるが、瓦解を止められない。6月20日、フーバー大統領は賠償金および戦争債務の全てについて1年間の一般モラトリアム(支払い猶予令)を告げる(彼はその5日前に、対連合国債務のうち満期日の来た半期分を受け取っていた、とR. Lewinsohnは意地悪く指摘する)。しかしドイツで、イギリスで、合衆国で、恐慌の第一義的な責任は賠償にありとし、疑いもなくモラトリアムが状況を一変するものと期待していた人々は、すぐに失望したであろう。諸外国中央銀行からライヒスバンクへの1億ドルの信用供与はもはや結果をもたらさなかったのである。フーバー・モラトリアムの直ぐ後、ドイツの主要繊維会社の一つで、ラフーツェン兄弟によって経営されていた、ブレーメンの《ノルトボルレ》社の倒産が発表された。これがその破産劇の中で、ドイツ最大の銀行の一つである《ダナト》銀行(ダルムシュテッター・アンド・ナショナル・バンク)を道連れにした。ドイツ政府は7月13日、やむなく諸銀行の一般的モラトリアムを布告し、これは8月5日まで続くであろう。同様にして、閉鎖されていたドイツの諸証券市場は、9月3日になってやっと再開された。同時に1931年7月18日の諸政令で、銀行および貯蓄銀行からの預金の引き出しが厳しく制限された。一種の為替管理が同様に実施された。類似の措置がオーストリアで、ハンガリーで講じられた。恐慌は全中央ヨーロッパに波及した。程なくしてイギリスが打撃を受ける番になるであろう。

以上が、ごく大まかに輪郭を示した《1931年の恐慌》である。この恐慌の責任はフランスにあると色々なところで言われた。フランスは、オーストリアとドイツに対する政治的不信のために世界経済に対する配慮を欠いたのかも知れない。事実、フランスは、オーストリアへの国際援助に参加する前に、オーストリア・ドイツ関税同盟の正式廃止を強要したし、さらにフランスに大きな犠牲を強いるフーバー・モラトリアムについてフーバーに説明を求めたことで10日間ほどその実施を遅らせた。しかし、このような幾つかのブレーキを掛けた程度の事と、ヨーロッパを動揺させた突発的出来事の規模の大きさとでは比べものにならない。

もし経済指標を参照するならば、1929年以来続く、産業活動および雇用水準の下降と、1931年中に、正しく、突然に速まった外国資金の引き揚げとの間にはコントラストを確認することができる。これらの資金引き揚げは、何と言っても合衆国によって、すなわち当時ヨーロッパの政治的関心事に最も疎い国によって行われている。(アメリカと比べれば)相対的にゆっくり進行する経済的諸現象に、突然で急激な心理的、政治的リアクションが対応する。こういうリアクションは、長い間に準備されていたのかも知れない。このようなコントラストは、企まれた歴史の道筋である。

イギリスの恐慌

イギリスの恐慌が世界恐慌にずっと先立ったことを強調するのは目新しいことではない。実際それは、1921年以来ほとんど止むことはなかったし、100万人以上の労働者の恒久的失業や、伝統的大企業、特に炭坑業の根強い不振によって特徴付けられる。1925年に、ポンドは金本位制に復帰したが、何一つ問題を解決しなかった。すなわち、テクニカルな面でさえポンドはおびやかされている。なぜなら1927年以降、ヨーロッパの主要中央銀行の総裁たちがアメリカ連邦準備制度の支援を求めてワシントンに行くからである。若干の著者たちによれば、前に見たように、ウォール街への大投機圧力が生じるのはこのことからであり、この時決定される通貨安定策からだと言う。

しかし、1929年に大恐慌は始まるが、イギリスにおける経済の衰退はアメリカ、ドイツより目立って急激とは思われない。そのことは特に工業生産指数が示している。ちなみに、それは1928年を100とすると、イギリスは1929年の106から1931年の79、アメリカは同じ期間に105から71に減少している（L. Robbins, La Grande Depression, p. 242.）。

イギリスの貿易赤字の悪化は、とりわけ輸出下落の面で実際、際立っている。世界恐慌がその影響を感じさせるのはイギリスの輸出の面であり、以下の通りである。

（100万ポンド）

	輸入	輸出
1924年 ――――――	1,137.5	801
1925年 ――――――	1,166.7	773.4
1926年 ――――――	1,115.9	653.0
1927年 ――――――	1,095.4	709.1
1928年 ――――――	1,075.3	723.6
1929年 ――――――	1,111.1	729.3
1930年 ――――――	957.1	570.7
1931年 ――――――	797.4	390.6

（F. Benham, Great Britain under Protection, annexe Ⅲ .）

しかし、ここでまた、明らかに1929年に先立つ推移が問題である。商品の取引は、イギリスの国際収支の他の多くの項目の中の一つに過ぎない。この収支は―今日でも同様に―この時期について様々な評価の余地を与える。ここに、1924-1931年の経常取引収支と長期資本流出について注目させる数字がある。それは、以下の通りである。

（100万ポンド）

	経常収支	対外資本流出（ロンドン金融市場）	差額
1924年――	＋86	134	－48
1925年――	＋54	88	－34
1926年――	－26	112	－138
1927年――	＋79	139	－60
1928年――	＋137	143	－6
1929年――	＋118	94	＋24
1930年――	＋23	109	－86
1931年――	－75	46	－121

（F. Benham, pp. 16-17.）

これらの数字は、イギリスの金融事情についてかなり正しい観念を与える。すなわち、相変わらず不安定であるが、それは1931年に確実な悪化を記録する。しかしこの悪化は、一見したところ、警戒すべき割合といった様子には思われない。

しかしながら、1931年は、イギリス現代史のうちで最も動揺した年の一つであり、そして特別に、経済的事実の政治的反響が様々な結果のうちで最も際立ち、最も重苦しかった年の一つであった。1931年7月末、イングランド銀行は資金の引き揚げに対処するため、フランス銀行と合衆国連邦準備制度の信用供与を懇請し、それを得る。同時に政権与党の労働党は、突然生じた予算不足を埋めるために、厳しい節約プログラムの提示を決めた。それはとりわけ、国が支払う賃金と失業手当の削減を見越してのことである。それで多数の労働党議員が彼らの《リーダー》であるマクドナルドとスノードンに反抗し、後者は8月24日に―平時においてイギリスでは前例のない出来事―国民連合政府を結成する。そのため彼らはその後、大いに保守党の支持に頼ることになる。しかしながら、地方では、節約計画に対する抵抗が激しくなり、9月15日には戦艦の水兵たちが俸給の削減に反対してストライキに入る。この重大事件を前にして―外国ではこれを反乱とか暴動と言う―政府は弱腰となり、譲歩する。9月20日、政府は、金本位制を復活するとしていた法律の実施を一時見合わせる。

これらの派手な出来事は、様々な解釈に余地を与える。その一つ、イギリスの若干筋で特別の支持を得た解釈によると、イギリスはその善意の、あるいは少なくとも国際連帯というその良識の犠牲者であったであろう。そして、イギリスの危機は中央ヨーロッパの恐慌から直接に派生したものであろう。イギリスは実際、大インフレの後、オーストリアとドイツの援助に向かい、そこに多額の信用供与を与えていたのであったが、それが1931年に《凍結》になった、すなわちその返済を得ることが不可能になった。その上イングランド銀行は、ウィーン・クレジット・アンシュタルト銀行の倒産の時には最初にオーストリアに対する救済を承認し、それで自らの立場を危うくしたのである、と。

この主張は強い反対論に出会う。すなわち、イギリスのような世界全体に広く多様な利害関係を持つ国が、その多数のパートナーのうちの一国や二国にのみ影響している混乱によって、その安定がいきなり覆されるのを見るというのは認めがたい、というものである。その上、フランスやアメリカ合衆国もまた、この1931年中に、困難に陥っている国々―この時にはイギリスも含まれる―に大きな援助を与えているが、そのことからこれら両国で直ちに重大な結果は生じなかった。

前の傾向に対する反応として、ある著者たちはこう主張した。イギリスは、もしそうしようと思ったならば、1931年の金融劇とポンド切り下げは十分に避けることができたであろうと。ある著者から見れば、この切り下げは、アバーノン卿や勿論、J. M. ケインズのような有力イギリス人グループの気持ちの中ではずっと以前から決まっていた（Richard Lewinsohn, Histoire de la crise, pp. 82-83.）。したがってこれは、到来した好機は急いで捉えられていたということである。経済学者ハイエクは、同じ主張をより専門的な論拠で、こう支持する。すなわち金融恐慌が生ずる時、また国の通貨が資本流出によって脅かされる時、発券機関（中央銀行）は全く適切な防御手段である割引率の引き上げの方法を使う。ところがイングランド銀行は、その割引率を12ヵ月間3パーセント（すでに非常に低い数字）に維持した後、1931年5月にはさらに2.5パーセントに引き下げ、そして、オーストリアとドイツの恐慌にもかかわらず、7月に入ってまでこの水準に維持する。それ故、イングランド銀行の首脳たちはポンド切り下げを前もって決定していたか、あるいはそれを観念していた、とハイエクは推論する（F. von Hayek,《L'étalon-or ; son évolution, 1932》, La Revue d'

Economique Politique, novembre-decembre, 1966, に転載)。

このテーマについて言えば、割引率引き上げは商工業への貸付をより高くすることにより、すでに厳しい経済恐慌を必ず悪化させていたことを指摘しておかなければならない。それ故、イングランド銀行の首脳部がこのことの決定の責任を政府に委ねていたことは何ら驚くべきことではない。

イギリス政府自身が、前から金本位制の放棄を観念していたと思うかどうかについて言えば、この考えは肯定し難いと思われる。平価切下げを必然的にもたらすインフレに対して最初の擁護論がおずおずと出てくるのは、本当の事であるが、左翼の言論機関においてである。しかし労働党の指導者たちは、非常に厳しい財政政策を実施することにより、1945年まで反対党を政権に復帰させる恐れがあるにもかかわらず、ためらうことなく自党の団結を壊したのであった！ 一般の利益に対する彼らの忠誠と献身がどうあれ、彼らが平価切下げを不可避と考えていたなら、それほど余分な画策をしなかったのであろう、と人は信ずる。

結局のところ、政治指導者たちは、世論と同様に、彼らがほとんど知らず、また理解の及ばなかった諸現象に不意を打たれてしまっていたように思われる(Marguerite Perrot, La Monnaie et l'opinion publique en France et en Angleterre, 1924-1936)。メイ委員会のリポートが、少し前まで均衡していたので、可決すると信じられていた予算が赤字になったことを突如暴露するのは、1931年5月である。ほとんど同時に、1929年11月から設置されているマクミラン委員会は、ポンドのテクニカル（技術的）な面の弱さを明らかにする報告書を提出した。国際収支の赤字と為替の危機—昔から専門家のみが知っていたこと—が、9月の初めに世論を、飢えの怖さの形で不安にさせた。というのは、イギリスはその食糧の大部分を輸入しているからである(M. Perrot, 同書 , p. 90.)。世論は、その時からこの恐れを遠ざけるために、もし古典的デフレ政策が素早い効果を現わさないとすれば、それまで嫌っていた平価切下げを受け入れるつもりである。そしてイギリスの指導者たちは、しばしば、世論の動向に従うものである。

それ故、1931年のイギリスの恐慌においては確かに部分的なパニックはあった。しかしより一般的な見方をすれば、アメリカの恐慌の余波によって最初に打撃を受けた国々—中央ヨーロッパとイギリス—は、大戦以降、脆い、またある点では不健全な均衡しか取り戻していなかった国々であった。

6 イギリス、世界からの後退

ポンド切下げとその結果

金本位制の放棄は、イギリスにおいて精神的恐慌状態を引き起こすどころか、一般的に冷静に、多くの社会階層の間で安堵の気持ちと満足感をもって迎えられた（M. Perrot, La Monnaie et l'opinion publique en France et en Angleterre, pp. 96-103）。通貨に対する逃げ腰も不動産等への換物行動もあまりなく、物価の急騰はなかった。人々は、近々経済の改善もあるとの印象さえ持った。有名な寸言がそのことをはっきり表している。《全てうまく行っている、今は。ただ金（きん）が少し高いだけだ。》と。外国においてさえ、特に1920年代の通貨危機の非常に鮮明な記憶を持ち続けるヨーロッパ大陸では、経済的《ミラクル》を可能にしたイギリス人の市民意識と規律の精神に対する変わらぬ称賛の気持ちが広まった。金本位制の放棄というこの対策が、全体として成功の印象を与えたため、それを根拠に、経済恐慌に対する万能薬は通貨切り下げである、と断言する経済学者が少しずつ増えていった。（通貨切下げは、より正確に言えば、金本位制の放棄。なぜなら、直ぐにポンドの新しい金平価を制定すること—金本位制の回復—には用心しながら、人々がとどまったのは通貨切下げのところまでだからである)。

深刻な状況の中で、自らへの信頼と、同様にその反応の鷹揚さのためにイギリス国民に対して認められる美点を否定はしないが、それをより細かく見つめることは適切なことである。まず第1に、イギリス政府は直ぐに通貨の価値下落を抑え、イギリスにおけるギャロピング・インフレ現象の繰り返しを阻止するために、最も強力な措置を取った。すなわち、イングランド銀行は一時的に割引率を6パーセントに引き上げ、大変厳しい引き締め予算が実施された。これらの措置はしかし、通貨を守りながらも、平価切下げによる経済への刺激効果を一部分相殺した。

物価が上がらなかったことは、他の理由によってもまた説明される。第一に、全般的恐慌の主要な現れの一つは、世界の価格の急速な下落であったが、そのことに対してイギリスは何時でも、非常に敏感である。イギリスの価格が日々、世界の他の国々の価格と逆の方向に行くことは難しかった。そのうえ、イギリスと緊密な取引関係にあった国々の多く、とりわけイギリスの輸入品の大部分を供給していた国々は、イギリスの金本位制放棄の後、直ぐにその例に従った。それらは、カナダを除くイギリス連邦諸国、数か月であったが南アフリカ、スカンジナビア諸国、ポルトガル、少し遅れて日本とギリシャであった。同時に、これらの国々とイギリスの間の価格比率はほぼ安定していた。その上ほとんど世界中で、投機を抑止することによって通貨パニックを防止するために、それらの中央銀行は急にその割引率を引き上げた（Hodson, Slump and Recovery, p. 87.）。そのことは当然、全般的経済活動に跳ね返らないわけにはいかなかった。

この金本位制放棄の動きは、それに同調しなかった国々にとりわけ重大な影響を与えた。すなわち、その国々の輸出はそのことによって妨げられることになり、輸入が増進されるようになった。一方、浮動資本は、通貨をまだ切り下げないが間もなくそうせざるを得なくなる、と思われたところを離れてロンドンに還流した。多くの国々―《金ブロック諸国》と呼ばれるであろう国々―は以後、その国際収支赤字の恒久的な脅威に直面するであろう。またポンド建て債券の保有者多数が被った損失―疑いもなく、とりわけドイツの支払い欠如から生ずる損失よりも少ないというのが本当のところである―を考慮に入れなけなければならない。結局、金本位制を放棄したことによってイギリスは、それまで最も被害のなかった国々にまで文字通り、経済恐慌を再輸出したのである。

しかし実際には、1931年9月における金本位制の放棄は、イギリスにとってさえ恐慌の終わりでなく、新局面への突入を印し、全般的通貨不安の第二期の端緒となる。この期間中にポンドは、金に対する、また他国通貨に対するその相対価値において著しく変動するであろう。以下の幾つかの数字が、この最後の点を例証するであろう。

ポンドの金平価に対する減価の割合

1931年10月 ———	20.08%
1931年12月 ———	30.68%
1932年 4月 ———	22.94%
1932年11月 ———	32.70%
1932年 6月 ———	30.68%
1932年 9月 ———	35.31%
1932年12月 ———	32.70%

(Lionel Robbins, La Grande Depression, annexe XXXVI.)

ロンドン市場におけるポンドの対ドル為替レート

1931年 8月 ———	4.857
1931年 9月 ———	4.542
1931年10月 ———	3.886
1931年12月 ———	3.372
1932年 4月 ———	3.752
1932年12月 ———	3.276
1933年 4月 ———	3.507
1933年 5月 ———	3.938
1933年 7月 ———	4.643
1933年11月 ———	5.136
1934年 9月 ———	4.987
1934年12月 ———	4.953

(Lionel Robbins, La Grande Depression, annexe XXXVI.)

勿論、イギリスにとって通貨価値下落の相対的な良い面と悪い面は、為替率の変動にしたがって変化し、さらには逆転した。補足的な証明をすれば、平価切下げは最終的な解決策にはならなかった。

対外関係への制約

いずれにせよ、金本位制放棄の後、間を置かずにイギリス政府の経済政策の重要な新規軸が打ち出された。最も目立つのが、1850年以来、自由貿易のチャンピオンであると同時に、一般世論によればその大受益国であったこの国が、正式に保護主義にもどったことである。疑いもなく、1919年以来、この伝統的な原則に対して若干の部分的な違反が、その場しのぎに行われていた。その上になお、1932年2月の《輸入関税条例》が、イギリスの貿易関係に相当の変化をもたらした。以後、10%の一般関税が輸入品に課され、原材料と食料品は例外とされた。実際には、製造品の大部分が輸入に際して20%、あるいはそれ以上の関税を掛けられた。一般関税が存在した時から、イギリスの植民地と自治領に対し特恵関税の形で差別的特典を認めることが可能になったに違いない。こういうことがオタワ協定の実体であった。かくしてイギリスの政治的方向観の明白な転換が実現されたのである。すなわち、それまで世界全体に関心を持つことが通常であったイギリスが、その帝国の中に閉じこもる傾向になった。この新しい方針の主たる犠牲は経済的に—そして多分、政治的にも—ヨーロッパ諸国であった。

中央ヨーロッパと東ヨーロッパは特に、イギリスのプレゼンスの後退により、後に見るように、言わば防御物なしにドイツの支配に委ねられたのである。

しかしイギリスにとっては、この新機軸の成果は何であったのか。この質問に答えるのは難しい。なぜならば、対外貿易についてのグローバルな数字は要因全体から帰するものであり、それから関税政策のみの効果を切り離すのは難しいからである(次の頁の表を参照)。

これらの数字を考察すると、先ず目に飛び込んで来る第一の事実は、イギリス貿易全体の著しい減少であり、これがさらに世界貿易の下降に反映していることである。疑いもなく未加工の数字は、必要ならば修正されるべきであろう。すなわちポンドの価値下落が、輸出入額の減少を、この表に見える以上に深刻にする。世界価格の下落は、後で見るように、逆の、さらには複雑な修正を行わなければならないであろうし、また前の修正を正確に補正できないであろう。いずれにしても、全体的に確認できるところはそのままで構わない。すなわちイギリスの対外貿易は、1934-1936年の期間は1932-1933年に比して少しの改善を印しているにしても、1929年の水準を回復するには程遠い。

第二の事実は、もっと注意深く観察すると見えてくる。すなわち、輸出は輸入以上に、恐慌以前の大きさを回復しているどころではない、ということである。この確認は二重に逆説的に見える。なぜなら、ポンドの平価切下げがイギリスの輸出価格競争力を高めている一方で、イギリスの新しい保護主義的政策は､輸出ではなく輸入に影響を与えたからである。人はここに、対外貿易収支の背景にある状況の複雑さを見るのである。ここでは単に､保護主義圧力がこの時期に世界で一般的になったが、それは恐慌そのものから生じていることを指摘しておこう。イギリスはその犠牲であり、それと同程度にその原因である。他方、われわれがすでに指摘しておいたように、価格の下落は、それが通貨現象から生じるにしてもそうでないにしても、次から次へと急速に伝わり、それゆえ、ある国がこの分野で得ることができる利益は間もなく無くなる。

最後に—第三の事実—イギリスとその帝国との貿易は、それ以外の国々との貿易より以上に持ち堪える。すなわち、イギリス帝国諸国から来る輸入品は、1936年には1929年の総額をほぼ回復しており、その一方、それ以外の国々からの輸入は、5分の2以上少ないままである。帝国諸国向けの輸出はどうかと言えば、1936年には1929年の3分の2しかない。しかし、それ以外の国への輸出は1929年の半分をほとんど超えていない。これらの事実がどの程度、帝国内特恵政策から結果したかを知るべく、この問題について多く議論され、同意も異議も唱えられた。が、その重要性を否定することはできない。

しかし、イギリスの対外貿易は、商品の動きとサービスの取引に限られるどころではない。イギリスは､《世界の銀行》というその伝統的役割の点でますますアメリカの競争を受けるようになっているが、種々の形での資金の動きはやはり、その国際収支において大きな役割を果たしている。

さて、イギリスが通貨の平価切下げを行い、関税保護に転換

イギリスの対外貿易
（100 万ポンド）

	1929	1932	1933	1934	1935	1936
輸入						
イギリス帝国諸国から ――――	359	248	249	272	285	333
それ以外の国から ――――	862	451	426	460	471	516
合計	**1,221**	**699**	**675**	**732**	**756**	**849**
輸出						
イギリス帝国諸国向け ――――	324	166	163	186	204	217
それ以外の国向け ――――	405	199	204	210	222	224
合計	**729**	**365**	**367**	**396**	**426**	**441**
再輸出						
イギリス帝国諸国向け ――――	15	9	10	11	11	11
それ以外の国向け ――――	110	42	39	40	44	49
合計	**125**	**51**	**49**	**51**	**55**	**60**

（Hodson, Slump and Recovery, p. 296.）

すると同時に、国際的資本供給国としてのその役割を放棄する。1931年9月以降、イギリスでの外国債発行に対し、正式ではないが、禁止することが命ぜられる。1933年1月に、イギリス帝国内の借り手国はこの禁止措置（H.W. Arndt, The Economic Lessons of the Nineteen-Thirties, pp. 110–111.）、しかも欠点を含むこの措置を免れる。これらの金融措置と関税措置の間にまたがる同時並行的対応は、やはり注目すべきことであり、また精神状態の深刻な変化を表している。

これらの制限は、再認識しなければならないことであるが、恐慌の前から資本輸出国イギリスの伝統的役割を辛うじて支えた国際収支に、根本的に影響を及ぼした。

	国際［経常］収支	外国債発行額（ロンドン市場）	差額
1924年——	＋86	134	－48
1925年——	＋54	88	－34
1926年——	－26	112	－138
1927年——	＋79	139	－60
1928年——	＋137	143	－6
1929年——	＋118	94	＋24
1930年——	＋23	109	－86
1931年——	－75	46	－121

（100万ポンド）

（F. Benham, Great Britain under Protection, pp. 16-17.）

以後、資本の還流が返済の形で、新規投資の形での資本流出を上回る傾向が出てくる（同書、p.112.）。

外債発行および返済
（100 万ポンド）

	イギリスへの返済	新規発行債へのイギリスの応募	差額
1929 年 ――	49	96	− 47
1930 年 ――	39	98	− 59
1931 年 ――	27	41	− 14
1932 年 ――	48	37	＋ 11
1933 年 ――	67	83	− 16
1934 年 ――	42	63	− 21
1935 年 ――	81	51	＋ 30
1936 年 ――	107	61	＋ 46

（F. Benham, 前掲書 , Annexe II.）

この新しい状況の波及は国際収支に限られない。ロンドン金融市場での海外需要の著減は、資本の価格の、別言すればその利子率を引き下げて、国内の需要への安価な資金対策を促進する傾向を生み、イギリス政府はこの政策を続行したので、回復の重要な要因の一つとなるであろう。

イギリスのチャンス

これほどまでに世界の他の国々との関係に依存する国は、いずれにしても、自らの手段だけで経済的立ち直りを確実にすることはできなかった。しかしたまたま、世界恐慌がイギリスあるいはイギリス自治領に幾つかの有利な結果をもたらした。それは先ず第1に、世界価格低下のケースである。価格の全般的低下そのものが、この同じ現象を述べるもう一つの方法によれば、金の購買力上昇を意味する。ところで、イギリスの主要な自治領はたまたま具合よく、最重要な金供給諸国の中に入っている。彼らの生産物の一つがこのように再評価されるばかりでなく、その価格引き上げの刺激効果によって、その生産物（金）はしばしば量的に増加される（次表を参照）。

金の生産
（純金 1,000 オンス）

	カナダ	オーストリア	ニュージーランド	南アフリカ	インド
1928-1930 年（平均）—	1,974	451	121	10,494	356
1931 年 ————	2,694	595	130	10,878	330
1932 年 ————	3,044	714	166	11,559	330
1933 年 ————	2,949	830	162	11,014	335
1934 年 ————	2,694	878	160	10,480	321
1935 年 ————	3,285	889	165	1,0774	326

(HODSON, Slump and Recovery, p. 276.)

イギリス自治領にもたらされたこの繁栄の要因は、これらの国々が、帝国内特恵政策の後に、宗主国の対外関係の中でより大きな地位を占める時期においては無視できない。

しかし、はるかに重要なことは、世界価格の低下が全般的であっても、一様ではなかったという事実である。それは、工業製品よりも第一次産品と農産物にずっと厳しく影響した。我々はすでにこの現象に気づき、その原因を考察した。しかし強調しなければならないのは、第一次産品と農産物の大輸入国であり、主に—石炭は別として—半製品と製造品を輸出するイギリスにとってその影響は大きかったということである。イギリスは勿論、この価格動向の受益者であった。すなわちその《交易条件》は著しく改善されるのである。次表がそれを示す。

イギリスの世界貿易
（指標表示）

	輸入		輸出	
	平均価格	量	平均価格	量
1913年———	100	100	100	100
1920年———	285	88	358	71
1924年———	155	104	189	75.5
1929年———	133	119	159	82
1937年———	109	124	144	65

（The Economist, 10 fevrier 1940.）

1937年にイギリスの輸入は、ほぼ1929年の量を回復したことが分かる。ところが、それらの平均価格はおよそ20パーセント下落した。それに反して、輸出の平均価格は約220パーセントしか下がらず、その一方で、輸出量は著しく減少した。これはすなわち、同じ輸出量でイギリスは、1937年には1929年よりもずっと多くの外国製品を得られるということである。それ故、そこに熟慮した政策の効果であるとか、ましてや搾取の意図を見る必要はなく、イギリス人はこの期間に、対外世界の費用で豊かになったのである。

1930年代の総決算

恐慌との戦いにイギリスが採った経済政策を定義するのは、結局のところ、かなり難しい。その内の幾つかの内容は矛盾しているように見える。たとえば、デフレと安価な資金政策である。他のものは、帝国内優先政策のように、より明白な特徴があるが、しかし、だからと言ってその直接的効果がより目に見えるわけではない。しかしながら、1931-1936年の時期は、イギリス経済にとって疑うことができない回復の時期であり、次の指数がそれを示している。

	1924	1929	1930	1931	1932	1933	1934	1935	1936
生計費 ――――	100	94	90	84	82	80	81	82	84
賃金率 ――――	100	99	98	96.5	95	94	94	95.5	98
工業生産									
（1924年=100）―	100	111.8	103.2	93.7	93.3	98.6	110.8		
（1930年=100）―			100				106.1	113.6	124.6

（F. Benham, 前掲書 , annexe VIII.)

これら若干の数字は、仔細に見ると、回復の大きさばかりでなく、そのメカニズムをも示している。そのことの動因はここでは―当時イギリス人口の最大多数を構成する―賃金生活者の実質所得の上昇である。すなわち、実際我々に見えるのは、生計費が1933年までかなり低下し、その後ほとんど再上昇せず、一方で賃金率は強い抵抗を示し、そして1936年には1929年の水準をほぼ回復したことである。工業生産はどうかと言うと、それは1929年から1932年まで明確に減少しているが、その後急速に再上昇し、1936年には1929年のレベルよりもぐっと回復している。

この全体としての回復は、輸出産業に因るものではない、それは不振だったのであるから。それは建設業の躍進、そしてまた自動車、電気設備、レーヨン等々の新産業の発展から生じている。新産業は主に国内市場向けに働く。その発展は、賃金生活者の購買力増加から生ずる。その購買力は生活費の低下とかかわっており、これはイギリスでは大体、輸入価格の低下によって左右される。我々は実際、イギリスは食糧の大きな割合を輸入していることを知っている。

しかし、これらの数字が全てを語るわけではなく、状況の内最も良好な側面しか見せていない。修正を施す必要がある。先ず第1に、1929年はイギリスにとって、他の国々の場合と違って繁栄の年ではない。すでに見たように、イギリス経済は1921年以来、程度の違いはあっても弱体化したままである。それ故、記録されている進歩は、かなり低い出発点に準拠しているということである。

第二に、恒久的失業の存在は相変わらずこの国の特徴である。失業者数は、1925年と1929年の間、100万人以下にはならなかった。それから1939年までほとんど、雇用可能人口の10パーセントに相当する200万人を下回らない。この失業はしばしば《構造的》失業と呼ばれるもので、その意味は、人口と労働力の移転が失業を無くすのほどの大きさを持たなかったので、伝統的輸出産業が発展していた地域に失業が集中したまま、ということである。しかし、構造的失業はまた、経済情勢の影響を受ける、と思われる。すなわちイギリスは1931年以降、景気の良くなる時期を経験するが、それは主としてイギリスが対外世界により少なく与え、より多く受け取るからである。さらに、そのことは部分的に、慎重な政策の結果であるが、それ以上にコントロール不可能な経済的諸力の結果である。しかしイギリスのような国は、世界不況のなかで十分繁栄を達成するのは無理である。

7 ロンドン会議（1933年）

国際関係の混乱

我々はすでに見たように、世界恐慌は対外貿易の著しい減少を引き起こしていた。この現象を振り返ってみることは必要なので、先ずその大きさを明確にすると、次の表の通りである。

対外貿易の金換算額指数
（1926 − 1929 年平均＝ 100）

	1929	1930	1931	1932	1933
ヨーロッパ（ソ連含まず）	106.0	90.3	66.5	43.7	39.5
ヨーロッパ（ソ連含む）	106.2	91.3	67.8	44.5	39.8
北アメリカ	104.1	76.6	49.6	32.9	27.0
ラテンアメリカ	106.9	79.1	53.2	35.0	33.4
アフリカ	109.5	93.0	70.4	57.9	56.1
アジア（ソ連領アジア含まず）	98.4	75.1	53.6	37.7	35.1
オセアニア	95.5	69.3	39.9	34.7	35.5
世界	104.6	84.7	60.5	41.0	36.9

（B. Nogaro, La Crise économique dans le monde et en France, p. 59.）

この、世界全体的な減少はおよそ3分の1であり、並はずれて大きいように思われる。その要因と要素を分析することは適切である。それは何よりも世界価格の下落から、そして程度はずっと低いが、以下の表が示すように、主要な商業圏について取引商品量の減少から生じている。

輸入（指数）

	1929	1930	1931	1932	1933
ヨーロッパ：					
金表示価格 ――――	97	84.5	66	50.5	46
数量 ――――――――	108.5	106.5	102.5	89	87
北アメリカ：					
金表示価格 ――――	91.5	76	58.5	46	36
数量 ――――――――	115	102	86	70	72.5

輸出（指数）

	1929	1930	1931	1932	1933
ヨーロッパ：					
金表示価格 ――――	96.5	89	73	58	52.5
数量 ――――――――	111.5	104.5	92.5	75.5	76
北アメリカ：					
金表示価格 ――――	96	84.5	64.5	53.5	44.5
数量 ――――――――	107.5	90	76	63	62.5

(B. Nogaro, 前掲書, p. 62.)

それにもかかわらず、対外貿易の量的縮小は、十分考慮するに値する大きさであった。それは、様々な原因によって直ちに説明され得た。先ず第1に経済活動の全般的縮小を、とりわけ工業生産の瓦解を考慮に入れなければならなかった。しかし、幾つかの要因が特に貿易に影響した。

これらの要因のなかでは、最初に支払い用資金の危機である。すでに見たことであるが、大インフレ以後、幾つかの国々、特にドイツとその中央ヨーロッパの隣国は、その通貨準備と為替資金を大部分、金に換えられるアメリカの短期信用供与から得ていた。これら信用供与の停止は重大な結果を招いており、我々はその最も明らかな部分を強調した。しかしその上に、ジェノア会議の勧告に従って多数の国々—しばしば上記の国々—は、少なくとも一時的には金為替本位制を採用していた。すなわち通貨準備のなかに外国通貨(この時期には大部分がイギリスポンド)を含めていた。イギリスによる金本位制の放棄とポンドの平価切下げで、このシステムは著しく動揺した。これらの外貨準備は価値が下がったことになり、それを保有していた国々に重大な損失をもたらしたばかりでなく、(平価を切下げても)ポンドが安定しなかった事実から、将来に重大な疑念が広がった。それ故、1931年1月1日から1933年11月30日まで、ヨーロッパの発券銀行(中央銀行)が保有していた外貨の額が485億から40億フラン相当に減ってしまったことは何ら驚くべきことではない。(J. H. Strohl, L'oeuvre monétaire de la conférence de Londres, p. 52.)

これらの要因から、国際貿易を縮小させる傾向のある政府措置のぶり返しが、結果として生じた。各国は先ず第1に、世界価格に対して自国の生産者、何よりも輸出業者ではない生産者を保護することに努めた。ポンドの下落は、多くの他国通貨の下落を引き起こしたので、通貨の平価を切り下げなかった国々に対して、一時的ではあったが貿易上の特別の不利益を創り出した。結局、その通貨準備をすっかり減らしてしまった国々は、以後、輸出する以上には輸入しない、という差し迫った窮乏状態に置かれることになった。関税を過度に引き上げても、間もなく不十分になると見られたので、より徹底した措置が講ぜられるようになった。すなわち輸入割当制度、あらゆる種類の妨害措置、さらには若干の輸入品の輸入禁止等であった。最も打撃を受けたバルカン諸国あるいはドイツは、さらに進んで為替管理を制度化することにより、商品取引ばかりでなくサービスの取引、そして資本と人間の移動をも制限した。もちろん、各国によって取られた制限措置は他国側からの報復措置を招いた。このようにして、手形交換協定といった一時しのぎの手段はあったけれども、国際関係の完全な麻痺状態に向かう真の悪循環ができあがった。

会議の組織化即専門家の仕事

国際貿易と対立的に打ち立てられた障壁の増加、世界経済の分立化が明らかに、国際連盟の精神と同連盟の経済委員会の努力に対し、対立的に進もうとしていた。金為替本位制のやり直し論議と通貨戦争の再開で、ジェノア会議の勧告の効果が台無しになった。より一般的には、諸国はその経済の分立化が進むことに不安を感じていた。従って、大戦後の初めの数年間と同じように、今度は主として経済的な目標を持つ多極的な国際会議、あるいは地域的協調への努力が見られようとしていた。こうした努力の仕上げとして期待されたのが、1933年のロンドン会議であった。

1932年のローザンヌ会議は、実質的に賠償問題の終結を印した会議であったが、これは等しく世界恐慌の諸問題を議事日程に載せていた。しかしその会議において、アメリカの協力無しに本気で解決策を求めるのは不可能であった。ところが当時、アメリカは孤立主義、あるいはより正確な表現を用いるならば、ナショナリズムの時代の真っただ中にあり、その主義の最も明白な特徴は、ヨーロッパの問題には関わりたくない、という厳しい願望であった。従ってアメリカは、賠償問題の最終解決に何の役割をも引き受けたくなかった。アメリカの圧力がこの問題の最終決算には大いにものを言ったはずであったのだが。しかしながら、イギリスの外交筋がアメリカ政府に対し、今度の世界経済会議参加の有無について打診したところ、その返事は否定的ではなかった。すでにフーバー大統領のイニシャティブで行われた、とりわけ負債のモラトリアム（支払い猶予令）が精神的に地ならしをしていたのであった。しかし、1932年７月に原則同意を与えた時にワシントン政府は、連合国間債務についても―それが論議されるのを見るのも認めなかった―また関税問題についても話し合われないことを念押しする。ところがエキスパート（専門家）たちは一般的に、国際的債務の重荷が、正常な金融関係の回復にとって大きな障害となっていると考えており、また関税障壁構築に対する闘いは、彼らのもう一つの主要な心配事であった。

ワシントン政府の先の発表にもかかわらず、専門家たちは仕事に取り掛かり、1932年11月から1933年1月まで将来の会議にかけるべき草案を練り上げた。彼らは関税引き下げ一般協定を期待して、《関税一時停止》を勧告した。とりわけ彼らは金本位制への復帰を推奨しており、その復帰への必要条件の中で、価格と生産コスト間の均衡回復、世界価格の安定、政府間債務の決済、財・サービスの交換の回復、諸国の国内経済の安定、特に財政均衡の回復を挙げた。

この願望のリストは、大方を不満にさせる性質のものではなかったが、諸国の政府の行動に確固たる指針を与えるものでもなかった。これはまた、勧告されている様々な措置がいかなる順序で、事の論理に従って講ぜられるべきかの指示を控えていた。それでこの優先順位の問題が、これから見るように、躓《つまず》きの大きな石になろうとしていた。

しかしながら、幾つかの点に関して専門家たちは詳しく検討し、煮詰めた議論をしていたことは認めなければならないであろう。為替管理を無くすこと、これが彼らの大きな心配事の一つであったが、それが若干国における金・外貨準備の不足あるいは喪失に近い状態によってもたらされたものであることはよく理解されていたので、それで幾つかの措置が、為替管理をもたらした原因に対処しようと検討されていたのであった。

先ず、通貨の法定支払限度額の引き下げが勧告された。検討されたもう一つの案は、国際的な大作業プログラムによって直接、恐慌に対処するものであった。すなわち、実際には国際的なプログラムが重要なのではなくて、若干の国に国際金融の便宜を図ってもらって実施できる大仕事、が重要なのであった。この案は、政府間負債の決済のためになされる暗示と同じように、諸国間の金と為替資金の再配分の考え方に結び付いていた。それは、諸国間における金融面の極端な不均等は、世界恐慌と、同時に、その後に続いた関税・通貨戦争の諸原因の一つと見なされたからであった。我々が見てきたように、実際、中央ヨーロッパの危機は大体このように説明された。しかし最終的に、準備委員会はこの案を採用せず、とりわけ最も豊かな国々における信用供与の自由化を勧告するに止まった。

《価格の安定か為替の安定か》の板挟みで、先に見たことであるが、時間の経過するうちにジェノア会議の理論家たちの仕事は色あせていた。しかしこの問題は、爾来その緊要性を失っていたのであった。なぜなら、1932年と1933年に提起された具体的な問題はより単純であって、世界価格の低下と闘うことが最も重要なこととされたからであった。強調されたのは、価格の低下が債務の負担を重くし、また販売価格と生産費の間の関係を覆し(後者は前者と同じように速く下がらないから)、かくして企業の財務均衡を損なった、ということであった。価格の全般的引き上げの目標は、国際交易の復活に欠かせない通貨の全般的安定化の目標ともはや対立しなかった。実際、ある国が通貨の平価を切り下げると、そこから通常、相反する二つの局面が結果となって現れた。すなわち、国の通貨で表示した価格の上昇であり、しかし、金表示の（金に換算した）価格の一般的低下であった。そこで専門家たちの会議が求めたのが、この金換算価格の引き上げであった。そして検討された解決策の中で、幾人かの過剰生産理論のチャンピオンたちによって推奨された国際的生産制限措置が世論と対立し、同時に、その措置は、経済学者の中で生産縮小は失業を拡大して恐慌を悪化させたとして、それに反対の判断をした人々と衝突した。それ故、人々は信用供与の国際的拡大に立ち戻ることになったが、1933年の専門家たちはこの問題を漠然としか検討しなかったし、会議によって真剣に扱われなかった。それ故、価格の引き上げと通貨の安定の間の優先順位の問題が、議論の中心に置かれようとしていた。

会議即諸国の対立

経済恐慌の問題が政治の分野で新たな重要性を持つことになった。そのなかで最善の兆しの一つは、主要国の政治家たちが、ジェノア会議の時には専門家たちに任せていたのとは違って、ロンドン会議まで持ち越された諸問題を自らの手で解決しようとしたことであった。就任以来、アメリカ合衆国新大統領フランクリン・ルーズベルトは、ワシントンでの予備的話し合いに主要国の政治代表者を招いた。最初に到着したのは、イギリス首相ラムゼイ・マクドナルドであった。彼は1933年4月21日に下船した。しかるにその前夜、合衆国は金本位制を放棄していた。それにもかかわらず、イギリス・アメリカの話し合いは確実な結果を出したように思われ、そのことは同月26日の最終コミュニケのかなり明白な方向付けにより判断できる。

《我々は、第一次産品（原材料）価格の一般的水準引き上げが最も重要であり、基本的であることを認めた…諸中央銀行は一致した行動により、信用（供与）の十分な拡大を可能にし、全ての手段が、このようにして創出される信用を循環させるべく用いられなければならない…国際的な為替均衡の最終的回復が検討されなければならない。我々は、状況が許す時には、価値を貶《おとし》めることなく成功裡に機能する国際的通貨基準の回復を検討しなければならない…これらの問題は全て、その間において関連し合っており、孤立して行動するただ一国によって解決され得ない。健全で持続的な世界的回復の仕事は、国内救済策の調整と、国際面の同時的そして共通の行動に依存する…》(J. H. Strohl, 前掲書, pp. 245-248.)

かくして優先順位は通貨の安定よりも、価格の引き上げと信用の拡大が高くなった。

次の訪問者、フランスのエドゥアール・エリオとの会談は疑いもなく、慎重な総論の範囲を超えなかった。いずれにしても、そこからはいかなる結論も引き出されなかった（J. H. Strohl, 前掲書, pp. 247-202.）。

いわゆる会議は、6月12日に開催された。会議は不安の入り混じった期待に対応した。そして二つの事実が、この会議を観念的な勧告を行うだけに終わらせたくなかった関係者の気持ちを表していた。第一は会議開催中における一時的関税戦争停止の全員による承認であった。その提案は、合衆国国務長官で首席代表のコーデル・ハルによってなされていたものであり、彼はそのうえ、商務協定締結のために、実際的直接的権限のない国務省を当てることにしたが、彼はそれでアメリカの伝統との断絶を印したのであった。関税戦争の一時的休戦という措置は、そのうえ、様々な相手国のそれぞれの状況が日々変化したなら、明確な解決策をどうやって共同して練り上げるのかという明らかな懸念があったことを考えれば、止むを得ない策と思われた。

しかしこの第一の措置が、もう一つの措置を導き出したに違いないと思われた。それはすなわち、主要国の発券銀行（中央銀行）の総裁たちによって提案された、通貨に関する休戦であった。彼らがその関税を引き上げるのを断念したであろうように、参加諸国は会議期間中、その通貨を切り下げるのを放棄したであろう。これら二つの一時休止の関係は明らかであった。関税引き上げの大部分はまさに、外国の通貨の切下げを相殺することが目的であったからである。

しかしながら、会議が座礁したに違いないのは、通貨に関する一時休戦の問題のところである。実際のところ、会議が進行する一方で、最初従うべき方針に対して曖昧であったアメリカ政府は、段々ドルの切下げに傾いた。それに反し通貨の休戦は、フランスのように金本位制と現行の平価に固着したままであった国々にとってと同時に、イギリスのように原則的に同じ立場を取らなかったが、すでに実施した通貨切り下げで確保した差別的有利性を守りたかった国々にとっても不可欠であるように思われた。

様々な代表団が、国益に従って、専門家たちの提案のあれこれを述べ立てていた一方で(Hodson, Slump and Recovery, pp. 184–202.)、ますます明らかになったに違いないのは、アメリカの様々な代表たちは彼らの間に意見の一致がなかったこと、そして最も重大な不一致が、選任された首席代表のコーデル・ハルとルーズベルト大統領の間にあったことである。そのことは、7月3日、最終的にルーズベルトが会議に対して伝えさせた次のメッセージで理解される。

《私は、次のことを世界的悲劇に相当する破局と見なすであろう。すなわち、この大きな国際会議は、全ての国家の大衆にとってより現実的で恒久的な金融安定とより大きな繁栄を確立するために招集されたのであるが、これがより幅の広いこれらの問題を考察するためにいかなる真剣な努力をも行う前に、若干国のみの通貨の為替に関する純粋に人為的で一時的な提案によってその目的から逸脱した状態のままになるかも知れないことを。このような行為、このような意図の転換は、釣り合いというもののおかしな欠如と、この経済会議がそもそも招集されたより幅の広い目標を記憶にとどめる事の出来ない無能さを示している。

一国の国内経済の健全性は、その国の安寧にとって、他国に対する為替で表現される通貨の価値よりも大切な要因である。それゆえ、国家の支出を減らし、収入を十分な水準に保ち、国債業務を確固たるものにできることは、最終的な安定のために大変重要である。同様に、自称国際銀行家たちの旧い盲目的崇拝物は、商品の価格で表せばほとんど変わらない持続的購買力を諸主要国通貨に与えることを目指す、これら通貨の管理の努力によって、また現代文明の必要によって、置き換えられる途上にある。率直に言わせていただきたい。アメリカは、近い将来にその価値を決めたいと我々が希望するドルと同じ購買力と債務返済力を、一世代後に持つようなドルを求める…

我々の一般的目標は、全ての国民の通貨の恒久的安定化である。金は、あるいは金や銀は、通貨を保証する正貨準備として引き続き十分に役立ち得る、がしかし、金準備を濫費《らんぴ》する時ではない。大多数の国々が均衡した予算を持ち、自国の資力を越える生活をしないために世界が一致した政策を作り上げる時、その時我々は、諸国民の通貨に対する準備として役立つ金銀の世界的資源のより良い配分について正当な議論ができるであろう。

世界貿易の回復は、取るべき手段であると同時に、得るべき成果の重要な一要素である。ここでもまた、為替の臨時の固定化は本当の答えではない。我々はいずれ、ある国が所有し他の国が所有しない諸生産物の交易を容易にするために、現存の禁止事項を緩和しなければならない。

この会議は、根本的な経済的弊害を軽減し、またおそらく治癒するために招集されたものである。会議はこの努力がなおざりにされるままになってはならない》(Hodson, 前掲書, pp. 194-195. 著者によるフランス語訳.)

我々は、こだわってルーズベルトのメッセージのかなりの部分を示したが、それは、これによってきっともたらされる効果を、読者自らが実感できるためである。ルーズベルトは、出来の良くない生徒たちに対する気難しい教師のような言い方しており、また、国際会議の中に、金融界との彼の内政論争を持ち込むことさえ恐れなかった。彼の表現形式の尊大さは、そのうえ、確実な経済政策から結果していなかった。すなわち、彼は予算の厳格さとデフレを勧告していた時に、彼はこれらの原則に従わない最初の人物になろうとしていたからである。実際のところ、我々はこのちょっとした行き過ぎは、デビューしたての政権の、とくに外交の諸条件そのものを知らない新政権の経験不足によってしか説明できない。

この出来事の結果が、重大なことになろうとしていた。もしこのことが、会議を直ちに終わらせることにならなかったとすれば、それは世界が持っていた会議への期待を、あまりにも急激に断ち切ることが不可能だったからである。しかし、会議の議論は以後、現実的な目的を持たず、むしろルーズベルトの《爆弾》の方が、流産に終わった会議を越えて長引こうとしていた。この重大な時に、各国は以後、自国のことのみに関心を持つようになり、自国の政策の国際的反響をもはや顧慮《こりょ》しなくなった。経済的自給自足の信奉者たちは、特にドイツにおいて、以後、反論無用の議論を述べ立てた。イギリスと合衆国の間においてさえ、伝統的な関係や経済観の類似性にもかかわらず、激しい論争が起ころうとしていた。(A. M. Schlesinger, The Age of Roosevelt, t. II, pp. 224–225.)。金本位制を守り続けてきた国々はどうであったかと言えば、非妥協的態度に追い込まれることになって、その最初の殉教者になろうとしていた。

8 ルーズベルトの実験

新しいチーム

恐慌の例外的な激しさと長さが、1932年秋、当然の事ながら合衆国における多数派の交代と、新しい人物の政権獲得を導いた。すなわち、—第一次大戦後初めて—民主党が共和党に勝利し、フランクリン・D・ルーズベルトが、共和党の大統領フーバーと闘って選出された。

正直に言って、アメリカの一つの政党が他の政党にとって代わることが当時、イデオロギー上の大きな意味を持つことはなく、また、勝利した政党のプログラム—党綱領（プラット・フォーム）—も、その後に続く経済的実験の大きさと新しさをほとんど予告してはいなかった。実際、このプラット・フォームはほとんど、慣習に従って、相矛盾する約束を並べ立てたカタログでしかなく、例えば、一方で援助的支出を増加し、他方で予算均衡を回復しようとしていた。

それよりずっと重要だったのは、その意味が当時の人々によって直ちには気付かれ得なかった出来事、すなわち、合衆国においては、広範囲の権限とそれ以上に行動の無限の可能性が認められる最高責任者の地位に就く人物の交代であった。なぜならば、人々は、限りなく性格の異なった二人の人物が交代するのを見ようとしていたからである。フーバーは何よりもエンジニアであり、明敏で緻密な頭脳を持った組織者であり、とくに経済政策においてはとかく教条主義的な人物であった。彼は、当時のほとんどの人々と同様に、全てのデータを把握できてはいず、複雑過ぎる問題の前では挫折していた。ルーズベルトは、何よりも政治屋であり、長い間素人のように見られていたが、非常に開かれた心を持ち、大胆な性格で、失敗した場合にも決して片意地になることなく、何でも試みてみようという人物であった。彼は思考停止に対しては、不信感を越えて懐疑的態度まで持つに至り、しばしば直面する手に負えないような諸問題に対して、表面的にそう見えるだけ、と考えた。優れて人使いの上手なルーズベルトは、性格や考えの点で非常に異なる協力者たちに取り巻かれていることを好んだ。全体として働かせる、ということが彼にはゲームでもするように気に入っており、彼はこの点で—しばしばその政策全体の一貫性は犠牲にして—偉業を達成したのである。（A. M. Schlesinger, The Age of Roosevelt, t. II, p. 193.）

今見たように、ルーズベルトの顧問たちは同質の考え方から発想するようなことはなかった。彼らはしかしながら、全体として共通の性格を持っていた。すなわち、彼らは、その経歴と知識からして、経済を前進させるということよりも、広い意味での社会改革に関心を寄せていた。合衆国はしかしながら当時、一級の経済アナリストに事欠くことなく、たとえばフォスターやキャッチングなど通常ケインズ主義と呼ばれた理念の真の創案者たちがいた。しかし、少なくともはじめの内、ルーズベルトが呼びかけをしたのは彼らではない。彼は、モーゲンソーのような正統派経済学の信奉者たちを完全に遠ざけることは決してなく、対立する二つの部類の改革者たちを進んで取り巻きとした。すなわち、先ず、ブランダイスによって具現化された民主党の伝統に従って、《トラスト》、《ビッグ・ビジネス》等の大資本に抗して自由競争と小企業を擁護した人たち、しかしまた、幾つかの社会目標のために経済を管理運営する可能性を信じた、より時代的特色のある人たちもいた。後者のリーダーは、長い間レックスフォード・G・タグウェル（ルーズベルトの主要な顧問の一人）であった。

従って我々の検討には、ルーズベルトの仕事を丸ごと含めるということはない。我々の研究の全体的な方向に沿い、我々は、1929年の時のような株式大暴落の再発を防止する目的の、《証券取引所委員会》の設立のような対策に関する場合であっても、その仕事の純粋に改革的側面は意識的に脇に置くことにしよう。または、テネシー河開発公社のような協調経済の試みの場合にも同様である。それに反し我々は、窮余の策ではあったが時宜に適った対策を実施した人たちが、彼らの全体構想の中に少しも含めていなかった措置・対策であっても景気・経済に直接影響したこと全てに対しては、我々の注意を集中させることにしよう。

大きな投機圧力、銀行危機とドルの切下げ

アメリカの新政権は、情勢により一気にスピードを上げようとしていた。1932年11月におけるルーズベルトの選出と、1933年3月4日の正式就任の間、憲法に従って一種の空位期間が置かれている。退任していく大統領、フーバーは相変わらず合法的権限を保持しているが、政治的権威はもはや持っていない。重大な問題がある時には、極めて危険な時期である。今の場合では、それは最大級の銀行危機によって特徴付けられた。すなわち、一般化した預金の引き出し(取り付け)、これがパニックのような速さで国全体に及び、ルーズベルトが大統領に就任した時期には、アメリカの銀行システム全体を実際上、支払い停止の状態に置いていた。この異常事態に政治的動機を与えてはならない。ルーズベルトと彼の民主党は、アメリカの平均的世論にとっては少しも《赤》には見えなかった。しかし、提示される他の説明は様々である。危機に対しては、その当然の進行の出口を先ず考えなければならない。すなわち、我々は見たことであるが、あらゆるレベルで流動性(支払い手段)を求めるということが、次から次へとその約束、契約の履行を不可能に、そうして信用の確立を不可避的に不可能にした。この過程が最終的に加速していったのは、選挙キャンペーンの時に、再建金融機関はその貸付の詳細を公表するよう強く求めた民主党議員たちの間違った策略のせいとされた。彼らは、共和党がその個人的事業の利益のために、この公的救済制度を大いに利用したことを知らしめたかったのである。それは間違い

ではなかった。しかし一般の人々は、同機関の支援の大きな部分が、最も安定しているとして通っていた企業等に認められているのを見ていた。このことがすでに著しく動揺していた信頼に対して最後の一撃を加えた。しかしもう一つの、先例にもあった要因がおそらく決定的であった。アメリカ人の非常に多くが、必ずしも民主党支持の選挙民に限らず、新しい政権には新しい政策を期待したのである。ところで、インフレや通貨価値下落といった経済的困難に対して解決策を探し求めることはアメリカの伝統の中にある。フーバーはこの道に従うことを懸命に拒絶したが、人々は全く自然に、反対党に頼みの綱があることを期待した—但し、ルーズベルトは当然の事ながら、この種の意図は少しも表明していなかった。たくさんの預金者たちがそれゆえ、ルーズベルトの選出と正式就任の間に、その価値を失うリスクのあった彼らのお金を大急ぎで引き出し、実物価値のあるものに替える、すなわち物財または証券などの商品を購入した。この心理的要素が金融恐慌を悪化させると同時に、経済回復に呼び水を入れる効果を持った。ルーズベルトは、政権に就くや、精力的に行動する。それで議会は、世論と状況の圧力の下、大統領の提案に例外的に柔軟な態度を示したので、新政権の最初の3ヵ月で「ニューディール」と呼ばれたものの根本を成した一連の法律を、最短で達成するに至った。そこで我々は、大統領提案が種々の、多くの分野に関わっていたので、説明を明瞭にするため、それらを個別的に、その後の展開を含めて取り扱わなければならないであろう。従って我々は、第一番に緊急金融措置に絞ることにしよう。

まず信用システムを救うことが重要であった。銀行支払の全般的一時停止（モラトリアム）が宣言された。次に、実際には議論なしに可決された一つの法律により、公的管理措置と、場合によって銀行各々の救済措置を伴う、銀行の漸次的再開が保証された。その実務を引き受けたのが前出の再建金融機関（RFC）であった。それは、資本参加の形で救うべき銀行を援助した。なぜならフーバー政権下で実施された貸付は、銀行の負債を悪化させただけだったからである。1935年7月15日、RFCがこの活動を終了した時、RFCは6,468の銀行に10億ドル以上の種々の株式や債券を保有していた（Broadus Mitchell, Depression Decade, p. 168.）。これでも全てを救うことはできなかった。1933年3月半ばと1935年5月末の間に、2,300以上の銀行が整理に入った。それら銀行の預金はおよそ30億ドルであった。（同書，p. 168.）

銀行危機により、合衆国ではいつでも広がりがちであった考え、すなわち人々は全般的通貨不足の状態に直面している、という考えの信憑性が高まる結果となった。それで通貨膨張への傾向は抗し難くなった。人々は、合衆国が過去においてすでに思い付いていた様々なプロジェクト、とりわけ銀本位制の計画が再登場するのを見た。一方、ルーズベルトは、自己の行動に理由付けする経済学者であるよりも、流れに身を任す政治家として、ドルの平価切下げに傾いていった。彼は平価切下げに対しては、先のロンドン会議から成功のチャンスをすっかり奪い去ったあの爆弾声明によってはっきりと支持する以前は、賛成ではなかったように思われる（前章を参照）。いずれにしても、その実行はたったの一回でというのでなく、状況に合わせた一連の措置によって行われた。主要なものは、1933年4月19日の金本位制の放棄、そして5月12日のトーマス修正法案であった。トーマス修正法案は、ルーズベルトが当然のことながら議席をもたない議会により、一つの法律のなかに組み入れられた。その法律は、《農業調整法》(AAA)であったが、この事実は、平価切下げが国内の圧力から、とりわけ伝統的に最もインフレ論に傾きやすい農業界の圧力から結果したことをよく物語っている。いずれにしても、イギリスのケースとは反対に、アメリカの平価切下げは、対外貿易の必要性や国際収支均衡の必要性によって強いられたことでは全くなかった。従って、それは海外で厳しく批判された。

トーマス修正法は大統領に、自らの判断で、通貨増発に取り掛かる権限を与えた。ルーズベルトがドルの価値を切り下げるため、金の売り買いをする際にこの権限を用いることを決めたのは同年秋のことであった。その目的は主として、国内物価の上昇を確実にすることであった。しかし彼はその頃、ドル価値を再び引き上げる傾向のある外国のドル“買い”と闘わなければなかったが、このドル買いは、アメリカの対外収支の黒字と同時に、合衆国における経済回復の展望によって説明された。従って、1934年1月に、新しい決定が行われた。すなわち、アメリカの財務当局は以後、1オンス35ドルの固定相場で金を売買したであろう。それは事実上の通貨安定化策であり、その後、数々の歴史的事件を経て、この固定相場がドルと金の関係を長く規定した。しかしこの時期、人はこの決定を通貨安定化策とは見なさず、逆に、ドル切下げの強化、補強と見た。「トーマス修正法」は大統領に、通貨ドルをその価値の50パーセントまで低く評価する(引き下げる)権限を認めたものであったのに、金価格を1オンス35ドルに固定したことは、60パーセント近くの平価切下げと同然であった。

政府の交代、新政権の熱の入った活動によって喚起された興奮、新しい政策への期待と畏れ、そして最後のドルの平価切下げは、先立つ3年間とは対照的に、活発な投機の動きをもたらした。この投機活動の実際については、月毎に、さらには日毎に追跡できなければならないであろうが、ニューヨーク株式取引所の年次統計の中にも見出される。

株式相場
(ダウ・ジョーンズ指数、65銘柄)

1929年 ――――――	125.43
1930年 ――――――	95.64
1931年 ――――――	55.47
1932年 ――――――	26.82
1933年 ――――――	36.00
1934年 ――――――	39.16
1935年 ――――――	41.97
1936年 ――――――	58.98

(Broadus Mitchell, 前掲書, Appendice I.)

ニューヨーク株式取引所売買高

	株式（100万株）	債券（100万ドル）
1929年	1,125	2,982
1930年	810	2,754
1931年	577	3,051
1932年	425	2,967
1933年	655	3,369
1934年	324	3,726
1935年	382	3,339
1936年	496	3,576

（Broadus Mitchell, Appendice II.）

これらの数字はとりわけ分かりやすい。先ず1932年に入ってまでの著しい下落、次に緩慢な再上昇が見て取れる。しかし最も身近に興味をそそられるのは—はるかに安定的な債券取引と対照的な—株式取引の動向である。そこには1933年の活力の回復が見られ、その後、1934年と1935年に、最も深刻な不況であった数年間よりも悪い市場の無気力状態が続く。

投機的な動きは株式取引所に限らなかった。それは素早く経済全体に対して影響を感じさせた。工業生産指数（1923-1925年＝100）は、1933年4月の60から7月に100になり、10月にはやはり再下降した。物価は同じ推移を辿った。この投機圧力の主たる興味は、株式大暴落が決定的でも回復不可能でもなかったこと、国は再び信頼を取り戻して仕事に取り掛かれることを示したことであった。しかし、その回復は格別に脆かったこともまた判明した。

管理経済の試み

全国復興庁（NRA）

我々がこれまで見てきた臨時の措置とは異なり、1933年6月16日の全国産業復興法（NIRA）は一つの野心的な社会哲学に基礎を置いたもので、しばらくの間、合衆国、さらには多分外国でルーズベルト政府の主要思想と見なされた。しかしそれは、ブレイントラスト、すなわち大統領側近の知識人たちの瞑想ですっかり武装されて出てきたものではなかった。実際、この法については、危機のはじめの頃にフーバー大統領が招集した実業家会議の中において、またもっと正確に言えばルーズベルトの就任以前にさえ、事業家のジェラード・スオゥピーが練り上げていたプロジェクトの中に先例が見られるであろう。しかしながらこの新しい法律は、40年以上前から産業分野における国家の行動の基礎であり、アメリカ人の哲学の基本的信条であった自由競争を、実質的に維持することを何よりも目標とした反トラスト法に反対しようとしていた。その上、全国復興庁（NRA）は―スオゥピー・プロジェクトとは違い―やはり根本的革新を成す労働組合主義の促進をもたらした。

全国産業復興法（NIRA）は大統領に、関係産業部門において、その部門の経営者の大多数によって作成される、または受け入れられる《公正競争法令》を、そのために特別に設立される一つの公的機関、すなわち全国復興庁（NRA）の力を借りて強制する権限を与えた。それは従って、それまで正式に禁止されていた生産者協定に正式な有効性と法的強制力を与えた。生産者に与えられるこの強大な力と引き替えに、また消費者に与えられる若干の理論的保証は言うまでもなく、賃金生活者たちは一気に相当の権利を受け取ったことになるが、彼らはその権利のためにそれまでの長い間成果なしに闘ってきたのであった。それは法律の「第７条 a)」である。すなわち、以下のようなことである。

《被雇用従業員は自身の選定による代表者を介して組織され、団体労働協約を結ぶ権利を有する。この選定において、従業員は、雇用者あるいは彼らの代理人の側からの全ての干渉、制限あるいは強制から自由である。いかなる労働者（雇用された、あるいは求職中の）も、その生計維持または応募の条件として、経営側由来の組合への所属、あるいは自由な、拘束のない組合への非加入を強制されない。

雇用者は、最長（労働）時間および最低賃金に関わる諸条件、並びに大統領によって制定される他の全ての労働条件に従わなければならない。》（Louis R. Franck, L'Expérience Roosevelt, p. 59 からの訳）

以後、この法律にこのような歴史的重要性を与える協調組合的、また（経済の）国家管理的側面は脇において、我々は、その法の意図および、その正味の経済的効果を探求することにしよう。競争の制限を目指すという法文が―《不正な》競争の慣例を除くということなら―その主要な結果は、物価下落に歯止めを掛けることでなければならない。あるいは少なくとも趨勢の逆転に向け、事を進めることでなければならなかった。賃金生活者のための措置は、全く異なる目標を持っていた。労働時間の制限は、より多数の人々の間に雇用可能な労働を分配することによって、失業を減らすことを目的としていた。しかしここで一つ、心に留めて置くべきことがある。ルーズベルトが政権に就いた時、週の総労働時間制限（35または30時間へ）の計画が議論されていた。全国復興庁（NRA）の効果の一つは、この全般的制限の代わりに、産業によって様々な制限を設けることにより、この政策の実施において大きな柔軟性を持たせることであった。その上、（NRA）は同様に最低賃金を定め、時間当たり賃金の引き上げを予定したけれども、実質労働時間の削減は少しも強制されず、支払われる賃金の総額は維持された。そこは、後に見るフランスの人民戦線政府の法律とのもう一つの相違であった。全国産業復興法（NIRA）を作った改革者たち、—さもなければ、それを実行した産業人たちの心の中では、こういう経済管理の措置は購買力の再分配に行き着く、すなわち稼いだものをほとんど消費する大衆が有利に、より多くを貯蓄するより裕福な階層の人々が不利になるに違いなかったことは、やはり本当である。人々は、実際に、—多少の幻想を抱いていたようであるが—賃金は製造品価格より速く上がるだろうと期待した。かくして人々は、相対的過少消費によって恐慌を説明している理論に程度の差はあれ従うようになり、ルーズベルトはそれを信ずる気持に傾いた。反対に、全国復興庁（NRA）の、全体として能率的でない規則と、それがもたらした生産原価の値上がりで、生産の回復にブレーキが掛かる傾向があったに違いない。

全国産業復興法（NIRA）の実施で、アンケート調査と体系化、成文化の膨大な作業が生じたが、それでアメリカ経済についての我々の知識が相当に進展することになった。それは同様にして、《青い鷲》の旗印の下に大きな宣伝の努力を伴った。それで、このようにしてもたらされた強い心理的刺激、絶望の数年間の後に明確となった信頼感と強調努力の高まりが、おそらくは全国復興庁（NRA）の最も確かな利益であった。なぜなら、NRAは間もなく実行上の、非常に多くの困難に出会うからであり、同時に、独占と巨大企業と常に闘っていた人たちによって激しく批判された。ヒュー・ジョンソン、全国復興庁（NRA）の理事長でその生みの親は、1934年9月、辞任せざるを得なかった。だから、最高裁判所が1936年5月25日の「シェクター判決」によってNRAを違憲と宣告した時、全国復興庁は経済政策の手段としてすでに役割を終えていたのである。

農業調整法（AAA）

全国復興庁（NRA）が意図する真の変化とは違うが、農業調整法（AAA）の意図はすでに、農業のための国家介入の長い伝統の中に書き込まれている。フーバー大統領自身、恐慌の発生前から、農産物価格の維持のため連邦農場委員会（FFB）を設立していた。しかしこの努力は効果なく、純農業所得は1929年の77億800万ドルから1932年には28億2,100万ドルに減少していた。この下落は、特に不動産を抵当にした負債の、莫大で変わらぬ重荷に近いもので、農業者をして恐慌の影響を最も深く、最も広く受けた階級にしたのである。

農業調整法（AAA）の原則—そしてこれは全国復興庁との新たな違いである—は、非常に単純であった。すなわち、市場での買付による価格維持という以前の試みが、在庫の累積を前に失敗していたが故に、今度は生産の面に働きかけねばならなかった。すなわち、生産を縮小すれば自動的に価格を上昇させるであろうという目論見であった。その結果、耕作者たちは進んで彼らの生産の制限に同意するよう促された。それで、それに同意した人たちは補償金を受け取り、その引き当ては少なくとも理論的には、対象となった農産物の第一次加工業者が支払う特別の課税（加工税）によって保証された。この措置はまず、7つの基礎的生産物に適用されねばならなかった。すなわち小麦、綿、トウモロコシ、豚肉、たばこ、酪農品等である。適用の様式は当然、製品によって違いがあり、それは余りに複雑すぎてここで詳しく記すことはできない。

この実験については、一般的特徴を手短かに論ずるに留めなければならない。

法律への協力を受け入れた農業者は、二通りの利益を得た。すなわち彼らが受け取る補償金により、そして彼らの残余の生産物から得られる値上がりした価格によって、である。しかし協力を拒んだ農業者たちは、同様に、値上がりした農産物価格から利益を得、そしてこの事のために彼らの生産を増やす気持ちに導かれたであろうから、それで期待された結果を無にしてしまうのである。このシステムは—それに以前の農業援助の仕組みのように—システムの成功自体によって押し潰されてしまう恐れがあった。つまり、新たな生産ユニットが容易に、また素早く投入され得る分野においては、システムが内包する過剰生産へと普遍に駆り立てられる恐れがあった、ということである。その危険は明白だったので、「バンクヘッド法」により、綿製造業者に対し生産制限措置を義務付けせざるを得なくなった。しかしそれこそ、アメリカの自由を侵害することであった。農業調整法はそれゆえ、行き先の危ぶまれる、恐ろしい連鎖状況を作りだしたのである。

他方で、誰がその法律の犠牲者となったのか。これは、若干のケースにおいて、関係の製品、生産物の加工業であった。しかし、犠牲はとくに消費者であり、そしてパン価格の騰貴が証明しているように、必需の食料品のケースであった。AAAはそれ故、このことから見て、都市の社会問題を悪化させる、いわゆる“物価高の暮らし”の法律であった。

しかし農業者はそれで利益を得たのだろうか。全体としてその境遇が改善されたことは間違いない。農業の総貨幣所得は、1933年に24パーセント近く、次の数年間においては毎年およそ15パーセント増加した。減産に対する奨励金は、1933年にこの所得増加の4分の1、1934年に3分の2以上、1935年に半分以上を占めた(Broadus MITCHELL, Depression Decade, p. 200.)。しかし農業調整法の業績は、1934年と1936年の、75年間経験したことのなかった最悪の干ばつによって大いに助けられた。それでも、この改善は急速に、生計費の全般的値上がりと同時に、消費者の購買力低下の中にその限界を見ることになり、それは、例えば綿製造業者のケースであった(Louis R. FRANCK, L'Expérience Roosevelt…, p. 151.)。

最高裁判所は、1936年1月6日、製品が特別な(税の)割り当ての対象となる、そういう連邦税の制度を違憲と宣告して農業調整法(AAA)を無効とした。それは、《加工税》のことであった。この決定は、その結果から見て、全国復興庁(NRA)を無効とした決定よりもはるかに重要であった。なぜなら、全国復興庁の廃止は事実上、産業者協定の諸可能性を存続させたし、また、大部分新立法によって刺激された組合主義の発展も既成事実として残った。これに反し、農業規約は、その具体化を支えてきたシステムがなければほとんど維持され得なかったし、また、1936年の「土地保全法」は、廃止されたばかりの法律にとって代わるには不完全すぎたからである。

かくしてルーズベルトの実験の第一期は終わった。この時期を《第一期ニューディール》と呼ぶことはできるであろう。それは大いに、そして当然の事ながら社会史学者たちの注目を引いた。それに反して、多くの経済学者たち、特に《ブルッキングズ研究所》のエコノミストたちから活発に批判され、同所のルイ・R・フランクはその結末について非難した。彼らの評価では、ニューディールの成果を経済情勢の諸要因全体による、とりわけドル切り下げ要因による結果を切り離し得る限りで言えば、管理経済の諸措置は回復を促進するどころかこれを遅らせた、というものであった。それで彼らは、とりわけ1934年における工業生産の停滞を引き合いに出す。これら諸措置の内的矛盾が同様に明るみに出された。すなわち、生産を制限する、生産原価の費用を大きくし過ぎる（特にNRAの場合がそうであった）傾向のあった全てのことが、あらゆる新しい発展に必要な投資の拡大を阻害した。農業生産に課された束縛は、多くの人々が欠乏していた時代には特に不評を買ったのである。

これらの批評の正当性を否定しないにしても、別の見解に場を譲る必要はある。1933年の回復はいずれにしても、新しい材料のない中で急速に弱まる運命にあった。回復は大きな程度において、持続し得なかった純粋に投機的な《ブーム》によるものであったし、また同様に、人為的であっただけに際限なしに継続され得なかったドル価値低下のせいであった。また少なくとも一点について、全国復興法（NRA）と農業調整法（AAA）は実際にルーズベルトが採用した政策全体と同じ方向に進んだ。すなわち、両方とも価格騰貴—もちろん名目価格—の傾向があった。しかしアメリカ人は、ヨーロッパのような近接のインフレ経験を持たなかったので、金価格で計算するいかなる理由も持たなかった。

《第二期ニューディール》

この用語は、我々がA. M. シュレジンジャーから借りたものであるが、少し無理があるように思われる。なぜなら、一期と二期の二つの時期の間には急激な中断はなく、あるのは単に勢いの違いだけであった。実際、1933年に作業が開始された野心的な改革はその勢いを失い、最後には弾劾される一方で、はじめは情況に押されて必要になった諸措置が、少しずつ慎重な政策の様相を帯びる。大胆に体系化して言えば、こうであろう。「第一期ニューディール」は経済プランに基づいて、最も数が多く最も恵まれない階層のために購買力の再分配を目指した。経済回復は、先ず社会政策から結果するに違いないと考えられたからである。「第二期ニューディール」は、何よりも回復を求め、そのためには新たな購買力の注入を畏れない。別言すれば、ルーズベルト政権は、はじめは努力したが克服できなかった財政赤字を、段々止むを得ないこととして受け入れる、ということである。

しかし、フーバー大統領の赤字は、恐慌の結果として多くが歳入の急減から生じたのであったが、ルーズベルト政府の赤字は、収入の増加にもかかわらず長引き、増大していくもので、恐慌と闘うために始まった支出の増加の結果である。我々は先に、失業者のドラマチックな境遇、彼らの援助に向かう民間および地方の救済の無力さを見た。ルーズベルトは、以前フーバーが尻込みしていた連邦予算による失業者援助を躊躇せずに認める。共和党政権の最後の年に、およそ2億ドルが失業との戦いに支出された。1933年6月から1934年6月まで、新政権はこの戦いに25億ドルを、次の年には34億4,400万ドルを充てる（Louis R. FRANCK, 前掲書, p. 190.）。最初は、取りあえず差し迫ったことをする、つまり救済金を配ることが大事である。しかし失業手当はアメリカ人には、最も熱心な改革者の中でさえ評判が悪い。人々はこう強調する、余りに長く失業手当を受けている人は、自分の気力や自尊心、また現実的側面で

合衆国連邦予算
(10 億ドル)

—(我々は常にドル表示の公式な数字を示すが、1933年以後のドルは以前のドルと同じ価値を持たないことは勿論である。)—

	歳入	歳出	差額
1929年——	3.8	2.6	＋1.2
1930年——	3.0	2.8	＋0.2
1931年——	2.0	4.2	−2.2
1932年——	1.7	3.2	−1.5
1933年——	2.7	4.0	−1.3
1934年——	3.5	6.4	−2.9
1935年——	4.0	6.5	−2.5
1936年——	5.0	8.5	−3.5

(LEKACHMAN, The Age of Keynes, p. 115.)

は、職業上の資格をも失う、と。それ故、1935年1月、ルーズベルトは連邦政府による救済政策の終了を告げる。それで、もう再び雇われなさそうな失業者たちは以後、以前のように、地方の救済に頼るであろう。その他の失業者たち、彼らが救済されるとしたら、それこそ労働によってであろう。しか人々は、このために専ら《自然の》経済回復を当てにはしないであろう。従って、公共企業の巨大なプログラムが展開されることになる。

ここで再び、まったく新規のことが問題になるのではない。フーバーはすでにその準備のための努力をしていたのであって、そのため全国産業復興法（NIRA）には、33億ドルの公共事業用の基金を予め規定しておく一項が含まれていた。しかしこの巨大な公共事業プログラムの実施に当たり、二つの考え方が、非常に異なる経済的結果が生じることから対立した。プログラムの最初の実施責任者、ハロルド・アイクスは、長期の収益が保証される事業を熟考し、着手する努力をした。彼は、最も可能な経済的諸条件のなかで、すなわち機械使用のあらゆる可能性を利用してそれを行うことに執着した。したがってこのプログラムは、生産財産業に注文を出し、投資を刺激することによって経済全体に根本から働きかけるものであった。それこそ経済学の理論家たちが《ポンプの呼び水》と呼んだものであって、生産財への投資が現代経済の真の動力源であり、それが経済の拡大に勢いを与える、あるいは少なくともそれに持続的性格を持たせるのだ、という経済理論的要請に従っていた。これらの考え方に対してハリー・ホプキンズはますます対立するようになり、彼は沢山の失業者を雇用し、それによって消費を刺激する、直ぐに実現可能な事業を望んだ。人は次のように計算した。すなわちホプキンズのプログラムにおいては、支出の75パーセントが賃金に回り、他方、アイクスのプログラムの中で賃金は30パーセントにしか相当していない、と。ルーズベルトは結局、ホプキンズを優先し、彼を1935年4月に創設した職業推進庁（WPA）のヘッドに据えた。同じ時期に、連邦による直接的援助が終了したことは偶然ではない。なぜならホプキンズ・プログラムは、普通に見て姿を変えた連邦援助と同じであり、時としてフランスの、1848年の《国立工場》を思わせる。ホプキンズのものはアイクスのプログラムより経済的影響力はずっと少ないが、それより遥かに緊急の社会政策の性格を持っていた。しかしそれは規模が大きかったので、大きな効果を必ず持つことは確かであった。すなわち、50億ドルを支出して300万人の失業者を再雇用することが見込まれたのである。

大幅な財政支出政策と並んで、マリナー・エクレスの推進力により、金融緩和政策が進展した。この人物は、連邦準備制度の長となり、公開市場政策が以前より政府に依存するように、しかし、正統的で慎重すぎるとみなされた大銀行家たちには依存しないようにと、1935年5月に一つの法律を採択させた。疑いなく、そのことは決定的要因ではなかった。すなわち、信用の拡大というのは、そのために供給される支払の便宜に専ら依存するのでなく、そこから生まれる需要に依存するものであり、そして、その点についてめりはりの効いたイメージに従えば、通貨金融政策は、信用のバルーンが空中に放たれないようそれを繋ぎ止めることができる紐のごときものである。それでも、我々が前々から知っていた《循環的景気変動防止》の対策が以後、要所にみられた。

結果

ルーズベルトの様々な実験の最終結果については、それらの幾つかの傾向と同じく、様々に評価された。それは、ある時は輝かしい成功として、またある時は、少なくとも第二次世界大戦の研究方法が経済動向に全く新しい要因を導入してくるまでは、全面的失敗として説明された。数字そのものは、論争を一刀両断に解決するに違いないであろうが、比較によって評価されるべきものであろう。以下に、近年の計算による、経済状態を反映し得る最も一般的な指標を示そう。

年成長率

	1922–1929	1929–1937
日本 ———	+ 6.5%	+ 3.6%
ドイツ ———	+ 5.7%	+ 2.8%
フランス ——	+ 5.8%	− 2.1%
イタリア ——	+ 2.3%	+ 1.9%
イギリス ——	+ 2.7%	+ 2.3%
アメリカ ——	+ 4.8%	+ 0.1%

(S. E. D. E. I. S. N0. 804, supplément 1er décembre 1961.)

この表を読み解いてみよう。アメリカ経済は、1937年には1929年の活動水準をかなり回復した。それは、フランスは別として、他の工業諸国より低い成果である。しかも前の時期の急成長とは、はなはだ対照的である。1929年以前に流行した無限繁栄の理論とは対立的に、アルビン・H・ハンセンが、《100年ごとの停滞》の理論を当時構築できたこと、この理論が次には1945年以後の事実から全面的否認を受容せざるをえなかったことになんら驚くべきものはない。

実際に、大事なのは《停滞》ではない。なぜなら経済は動かないままではいないからであり、また、経済が前進しないならば、幾つかの観点において後退があるということである。それこそ工業国における最も重大な局面、すなわち失業についての研究が示すところである。

	民間労働力（100万人）	失業者（100万人）	失業率（パーセント）
1929年——	47.8	1.5	3.1
1930年——	48.4	4.2	8.8
1931年——	49.0	7.9	16.1
1932年——	49.6	11.9	24.0
1933年——	50.1	12.6	25.2
1934年——	50.8	10.9	21.6
1935年——	51.4	10.2	19.9
1936年——	51.9	8.6	16.5
1937年——	52.5	7.3	13.8
1938年——	53.1	9.9	18.7

（Broadus MITCHELL, 前掲書，p. 451.）

かくして失業は、目立って減少しているにもかかわらず、発展国において非常に高く、容認できない水準に止まっている。事実はこう説明される。技術の進歩は1929–1938年の10年間止まらなかった。恐慌はいわゆる合理化措置に出番を与えることになるが、これは生産コストを引き下げる、すなわち働き手の雇用をしばしば減らすことを狙ったものである。その上、失業者数は、減少は続くけれども、1937年においてなお高い水準にあるばかりでなく、1938年には新たに増加する。

ルーズベルト政権の力いっぱいの努力にもかかわらず、恐慌の、この頑固さを如何に説明するか。ある人々は企業経営者たちの悪意を問題にして、彼らはルーズベルトや、疑っていた大統領顧問たちに反対して必要な投資を拒否したからだと言う。しかし、冷静な経済計算よりも、政治的あるいはその他の感情を優先させるような企業家が、長い間その地位を維持することは滅多にない。それでは、彼らは何に基づいて自らの計算がで

農産物価格と工業品価格
（1926年＝100）

	非農産物価格	農産物価格	価格全体
1929年 ――	93.3	104.9	95.3
1930年 ――	85.9	88.3	86.4
1931年 ――	74.6	64.8	73.0
1932年 ――	68.3	48.2	64.8
1933年 ――	69.0	51.4	65.9
1934年 ――	76.9	65.3	74.9
1935年 ――	80.2	78.8	80.0
1936年 ――	80.7	80.9	80.8
1937年 ――	86.2	86.4	86.3
1938年 ――	80.6	68.4	78.6

（Broadus MITCHELL, 前掲書，annexe V.）

きたのか。何よりも、我々はすでに見たことであるが、物価の上昇から生じるだろう彼らの財務・金融状況の改善に基づいて、である。

実際、記録によると、1933年から1935年、次いで1937年に旺盛な物価上昇が見られる。それでも1929年の水準は回復されず、物価動向は結果的に持続的インフレとなることを許していない。この領域においてもまた、1938年は再下落を印している。

こう考えることができる。1934年の急騰の後、経済始動への大きな障害の一つは心理的な次元のものである。すなわち、企業家精神が1929年の恐慌によってあまりに動揺させられていたので、将来に向けて急速に信頼を回復することができなかった。そのうえ、ルーズベルトの経済政策は―コーデル・ハルの臆病ともいえる通商交渉の試みにもかかわらず―対外世界を基本的に考慮することなく発展していた。外部世界の方は、そのために損失を我慢さえしなければならなかった。すなわち、外部世界はもはやアメリカ資本を享受しなかったのに対し、金は合衆国に流入し続けた。アメリカは1934年1月と1939年6月の間におよそ100億金ドル（金保証のドル）を受け取り、1939年には世界の貨幣用金の38パーセントを保有していた（H. W. ARNDT, Economic Lessons of the Nineteen-Thirties, pp. 90–91.）。しかし合衆国でさえ、世界の他の国々が繁栄していない時には完全に発展することができず、それで彼らの対外貿易の数字は、このような限界のあることを示している。

（100 万ドル）

	輸出額	輸入額	差額
1929 年 ――	5,241	4,399.4	841.6
1930 年 ――	3,843.2	3,061.4	782.3
1931 年 ――	2,424.2	2,090.6	333.6
1932 年 ――	1,611	1,322.8	288.2
1933 年 ――	1,675	1,449.5	225.4
1934 年 ――	2,132.8	1,655	477.7
1935 年 ――	2,282.9	2,047.5	235.4
1936 年 ――	2,456	2,422.6	33.4
1937 年 ――	3,349.2	3,083.6	265.4
1938 年 ――	3,094.4	1,960.4	1,134.0

（Broadus MITCHELL, 前掲書 , annexe IV.）

対外貿易水準は、1937年においてさえ、1929年のそれよりずっと低いままである、とりわけ1933年以降の数字を不自然に膨らませているドルの切り下げを考慮に入れるならば。それで我々は、ここに再び1938年の最下落を見る。

そのことは、きちんと説明するべく我々に残された仕事である。1936年の選挙が近づくと、ルーズベルト大統領はインフレ傾向に、とくに財政赤字の増加に不安を感じる。退役軍人に《復員軍人支給金》を一括して支払うことを議会が決定し、これが赤字を悪化させるので、ルーズベルトはこの措置に反対であったが思う通りにいかなかった。彼はそれで厳しい緊縮財政プログラムを決定する。

アメリカ合衆国連邦予算
（100億ドル）

	輸出額	輸入額	差額
1935年――	4.0	6.5	－2.5
1936年――	5.0	8.5	－3.5
1937年――	7.0	7.2	－0.2
1938年――	6.5	8.5	－2.0

（LEKACHMAN, 前掲書 , p. 115.）

不安、心配ごと、そしてそれに抗するために取られた措置は財政の分野に限られない。実際、物価騰貴は、加速される時には隘路《あいろ》を生ずる。物価騰貴はそれ故、生産刺激剤の役割を演ずることを止める。従って、1936年12月以来、公開市場操作による、金が増えても紙幣の増発に結び付けない《金の不胎化》政策に立ち返る。そして1937年の春、諸連邦準備銀行では、その金準備率が相次いで二度引き上げられる。

これらの信用制限措置により、間もなくニューヨーク証券(株式)取引所で暴落が発生する(ダウ・ジョーンズ平均株価指数は、1936年の59から1938年には43に下落する)。そしてより一般的には、新たなデフレ政策の後にははっきり分かる景気後退が続く。1937年10月から1938年3月まで、450万人の労働者が職を失う。連邦準備理事会による工業生産指数は、1937年前半の116から1938年7月には75に落ちる(大恐慌の最も低い水準より10ポイント低い)。従って、1938年7月に、議会は公共事業と、再建金融委員会(RFC)の新規投下資金への新しいプログラムを承認する（H. W. ARNDT, 前掲書, pp. 68-70.）。

しかしこのエピソードは、一つの懸念される側面を持つ。すなわち、アメリカ経済は自力によって発展を再開しなかった、アメリカ経済は財政赤字によって行われる購買力の不断の注入に依存している、ということである。言い換えれば、《ポンプ》の呼び水以上の水は出ず、供給される水をそのまま元に戻すだけ、と我々は感ずるのである。第二次世界大戦の前夜、アメリカ経済の建て直しは不完全であると同時に、不安定な特徴を持っている。

9 ドイツのシステム

基礎

ヒトラーは、ルーズベルトと同様に、恐慌の真っ最中に権力の座に就いた。そしてこの二人の非常に異なる人物は、同様にほとんど似ていない経済回復の努力に采配を振るった。しかしそれは、国家の指導者たち、あるいは彼らの党があらかじめ思い描いた思想によるものではなかった。我々は、そのことについてはすでにルーズベルトのところで見た。ドイツでは、国家社会主義の理論家たちはその体制の具体的な経済的経験から何ら信用を得ることができない、あるいは、ゴットフリート・フェダーのように、彼らははじめから遠ざけられていて何の役割も果たさなかった。あるいはまた、彼らの思想のうち実践に移すべく努力されたもの、例えば女性の家庭復帰、あるいは農民所有地の譲渡不可、あるいはユダヤ人迫害は、ついには経済的飛躍のブレーキとなるに至った。その上言わなければならないのは、回復の有力責任者たちの学説・教義選好はずっと意味がなかったことである。すなわち、周囲の状況によって厳しい計画経済を実践せざるを得ない立場にいたのは、シャハトのような、リベラル、自由主義者たちであった。ヒトラーの経済政策の諸要因の中では、実際、何よりも状況からの要請ということに言及する必要がある。アメリカと同じように、ドイツも厳しい産業危機に苦しめられ、そのことは非常に高い失業率によって示されている。しかしアメリカと異なり、ドイツは多額の対外債務の重荷を負っており(貿易赤字だけで、政府負債を計算に入れず)、その外貨準備は事実上ゼロである。1933年には、世界の金融経済協力は不可能に思われるので、ドイツは実際的に、閉鎖回路の中で再びその経済を出帆させる試みを強いられる。他方、ドイツ人の心理には、前の大戦と超インフレの数年間の身近な経験が深く痕跡として残っている。その影響は複雑であり、そのことはヒトラーが時折、腹心の前で漏らす単純化した指摘を通して見ることができる。それは第一に、もう二度と同じような苦難を経験したくないという強い願望である。

《…大衆が、食糧カードやインフレの時代のそれのような辛い体験をすると、彼らにとって以後それを忘れることは不可能である…大衆においては、決して思い起こしたくない複雑な感情が見出される。これらのタブーの数のなかに、インフレや食糧カードのような過激な言葉を想起させるすべてのものを加えなければならない。》(H. RAUSCHNING, “Hitler m'a dit”, pp. 238-240.)

しかし同時に―ヒトラーはこの点では平均的ドイツ人に非常

に近い—世論は確固とした貨幣の伝統に対して懐疑的になり、それで、お金の面では何ら不可能なことはない、とりわけ、人がしたいと思うあらゆることのためにはお金は常に見出される、と信じるようになっている。

《[ナチス] は、彼らの指導者の一面的な考えを根拠にして、ほぼ以下のように要約される一つの貨幣理論をつくらせた。人は紙幣を好きなだけ増やし、支出することができた。大事なことは単に物価を維持する事であった》… [ヒトラー] …は《金、労働そして資本は経験によって定着した関係の中でのみ通用しなければならず、そして、投機家とユダヤ人を排除した後、一種の永遠の経済的動因を、決して動きを止めない経済的閉鎖回路を意のままにするのだ、と確信している。この仕組みに必要な唯一の動力、それは信頼、大衆の盲目的信仰である。それ故、あるいは示唆、あるいは強制、その他のあれやこれやの助けを借りてこの信頼を創り出し、維持すれば事足りる》(同書 , pp. 122-123.) …

これらの文言から、解決不可能な問題を解決しようとする類のプログラムが出てくるように思われる。例えば、必要ならインフレによって失業を終わらせ、そして経済機構を再稼働させる、しかし物価騰貴もなければ、この騰貴を避けるのに消費者への直接割り当て配給制に頼ることもない。しかしながら実施され、しかも成功したのが、当時の人々にはほとんど理解されなかったし、また今も説明が困難なこのプログラムである。

外部世界から孤立するシステム

我々は見たように、ドイツにとって最も明らかな結果の一つは、その通貨準備の消失であった。

ライヒスバンクの金・外貨保有高
（100万ライヒスマルク）

1929年1月———	2,811
1932年1月———	1,093
1933年1月———	923
1934年1月———	388

（Lionel ROBBINS, La Grande Depression, annexe XXIII.）

他方、ドイツは多額の対外債務を抱えている。それ故、平価切下げによる海外への資本の移動を逆転しようとするであろう。平価切下げはこの対外債務の負担を増し、その上世論の中に苦い記憶を呼び覚ましたかも知れなかった。したがってブリューニング政府は、浮動資本の流出を食い止めるための為替管理を開始した。そしてヒトラーの登場以来、対外貿易を均衡させるために対策が取られるが、平時の貿易赤字にはもはや金融は行われ得ない。こうして必要に迫られて—ドイツに限ったことではない—貿易の自由に取って代わる一連の仕組みが構築された。ドイツの債権者たちは“凍結されたマルク”によってしか—しかも一部しか—支払われず、彼らはそのマルクをドイツで行われる支出にしか使用できなかった。ドイツの輸入業者たちはライヒスバンク（中央銀行）から外貨を、これらの外貨をもたらした輸出業者との協定の助けを借りた特別の認可に基づかなければ、得られなかった。対外貿易の統制は、一部の外国との物々交換協定によって容易になった。それらはとりわけ、貿易上の、例えばその他の販路を失ったためとか—これはイギリスの新しい政策によって大変影響を受けていたラテン・アメリカの国々の場合であった—あるいはバルカン諸国のような、政治的理由のために、ドイツに依存した国々であった。これらの政策の詳細は複雑すぎてここでは述べることができない。それは、ドイツの経験の理解のために必須とは言えないという理由もあるからである。それよりも注目すべきことは、ドイツは、イギリスと同様に、その交易条件を改善した世界価格の傾向から利益を得たことである。実際、ドイツが特に輸入していた原材料や食糧農産物の価格が、ドイツが輸出していた工業製品価格よりずっと低下していた。次の表がはっきりと説明する。

対外貿易
（100万ライヒスマルク）

	輸入	輸出	1928年価格の輸入	1928年価格の輸出
1932年 ――――――	4,670	5,740	9,500	8,100
1933年 ――――――	4,200	4,870	9,300	7,600
1934年 ――――――	4,450	4,170	9,800	6,800

（C. W, GUILLEBAUD, The Economic Recovery of Germany, p. 61.）

かくして商品の同じ動きが、1928年の価格では赤字額で表されていたであろうに、実際には黒字決算になった。輸入に課された制限はそれ故、ドイツの消費者にとっては、一見した場合ほどの負担になっていなかった。

二つ目の点が特別に強調されなければならない。外国為替および対外貿易に対する管理の事実から、ドイツ経済は新しい自由を得るということである。すなわち、お金の国内価値はもはやその対外価値と結びつかず、また実際上インフレの試みに専心することが可能となる。がしかし、これらの試みは、為替市場での通貨価値下落故の、また対外貿易には明白なマイナス傾向故の、直接的な報いに出会うことがない。同時に、ドイツの大衆は、為替の下落がもたらしていた伝統的な警告にもはや不安を覚えない。

失業の解消

失業を無くすことは、ヒトラーにとって主たる政治的至上命令であり、彼の威信や彼のプロジェクトの達成はそれに掛かっていた。支援策を講ずることは大事ではなかった。それらはすでにあった。十分に予算を支出して全ての人々を仕事に就かせることが必要であったが、どんな仕事かはほとんど重要ではなかった。ある人たちがこの政策の正当性について、振り返ってみてJ. M. ケインズの経済理論の中から見つけた。

《もし国庫が紙幣を古いビンに詰め、それを廃坑となった古い炭坑の中に適当な深さで埋めるとしたら…そして“レッセ-

フェール”(経済的自由主義)の信頼できる学説に従って、紙幣を掘り出す仕事を私企業に委ねるとしたら、…もはや失業は無いだろうし、また、二次的な効果のお蔭で全国民の実質所得、そしてまたその資本は、疑いなく今現在よりもずっと上がるであろう》…(J. M. KEYNES, General Theory of Employment, Interest and Money, p. 129. LEKACHMANN, The Age of Keynes, p. 104.)(1936年出版の『ケインズ一般理論』を思い起こしてみよう)

これほどはっきりと描かれた便法に人は頼らなかった。取られた手段は大規模事業であり、それは先ず高速道路、次いで段々再軍備となった。しかし、だからといって軍備の政策がシステムにとって必須であったというわけではない。ただ、この目的のために全てを従属させようとすれば、人は何時でも達成するべき大事業を見出すものだ、ということである。

この政策は、ヒトラー以前すでに概略は描かれていたが、軍隊の再編成と、その結果としての若者の徴兵によって助け

	《正規》雇用総数	《交代用》雇用総数	失業者数
1932年 6月—	12,730	180	5,476
1933年 1月—	11,470	260	6,014
1933年 6月—	13,100	530	4,857
1934年 1月—	12,970	830	3,773
1934年 6月—	15,010	800	2,481
1934年12月—	14,540	610	2,605

(単位/千人)

(C. W. GUILLEBAUD, 前掲書, p. 46.)

られ、目覚ましい成果を素早く達成し得る十分な規模で開始された。

成功は止むことなくますます明白になり、失業者総数は1935年に210万人、1936年に160万人、1937年に90万人、1938年には40万人に減少した。

創出された新しい雇用の分布状況は我々に、いかにして―またどの程度まで―《ポンプの呼び水策》は実行されるのか、すなわち、大規模事業に直接繋がる産業から経済全体へと、活動の回復がいかにして及んでいくのかを示す。

被雇用者数
（千人）

	1933年7月	1936年7月	
建設業 ——	666	2,507	＋209%
機械工業 ——	311	641	＋106%
自動車 ——	148	321	＋117%
製鉄業 ——	244	447	＋83%
電器産業 ——	169	290	＋72%
建築資材 ——	214	331	＋55%
化学製品 ——	178	238	＋34%
繊維産業 ——	694	798	＋15%
衣服製造 ——	401	454	＋13%
食品工業 ——	506	535	＋6%

（C. W. GUILLEBAUD, 前掲書，p. 87.）

《閉鎖回路経済》とその問題点

しかし大きな困難は、事業のために多額を支出しなければならない資金を何処で見出すのかを知ることである。それに対しては、このシステムは一度動き出すと、それ自身によって維持されることを示すことにより、また《閉鎖回路経済》に関する理論を想像する事によって答えが出せる、と思われた。ヒトラー経済学をよく知る人物が、そのことを次のように述べる。

《元々、有効需要が縮小しており、純貯蓄が存在しない時点では、国の注文が労働需要を満たす。ライヒスバンク（中央銀行）が投資に必要な資金を供給する。投資が失業者を仕事に就かせる。仕事が所得を、次いで貯蓄を生みだし、それらのお蔭で以前に生じた短期の負債には金が回り、ある程度までは返済されるだろう。》（C. W. GUILLEBAUD, p. 101.）

別言すれば、労働に支払うため国家によって創りだされる資金は国家に戻り、再び利用されることになる、ということである。

実際上は、物事はそれほど単純ではない。第一の困難は《ライヒスバンクが投資に必要な資金を供給する》時に現われる。どのようにして？　忘れてならないのは、ドイツ国民はまだ1922–1923年のインフレの脅迫観念を持ったまま暮らしている。何の工夫もない単なる紙幣の増発はそれ故、破滅的パニックを引き起こすリスクがあろう。従って、事業を発注した企業に直接前払い金を与える代わりに国は企業に、《MEFO証券》という、国が保証する特別手形を振り出す権利を与えた。これらの手形は、供給者(納入業者)の手に移ると、当然ライヒスバンクによって割引可能となった。しかしもしそれらが、大量にまた急に割引に回されたとしたら、その後に続いて必ず、紙幣流通の大量増加が生じていたであろう。この現象は如何にして避けることができたのか。

このシステムの発案者である前出のシャハト博士は控えめに、(その後に起こった情況から見れば理解が可能になるが、それでもやはり正当化されない)彼の成功について、こう説明する。もし、未利用の工場、未利用の機械、未利用の在庫品があったら、企業の金庫には、未利用の資本がやはりあったということになる。これらの資本は、全ての商業手形と同様に利子がついた《MEFO証券》に投資されるよう導くだけで十分だったはずである、と。しかしこの説明は、超インフレ以来、ドイツ企業を悩ませていた運転資本の不足を考慮に入れていない。ドイツ政府と中央銀行は、《MEFO証券》を受け取った企業に対し、勧告と圧力の全てを使って、それを中央銀行で割り引いてもらう代わりに、支払い手段として自ら使うよう導いたに違いない、とまさしく思われるのである。かくして全く類似の偽似貨幣の、しかし大衆から気付かれず、それ故心理的結果を生まない流通が成り立ったのである。シャハトの大きな技術的メリットは、この期間、インフレを人目に見えなくしたことである。

投資が失業者を仕事に就かせるということ、そのことを我々はすでに見た。労働が所得を生み出すこともまた全く真実である。すなわち賃金総所得は、1932年の322億ライヒスマルクから1937年には485億ライヒスマルクになる（この額は1929年の424億ライヒスマルクを大きく上回っている）。しかし《労働は所得を、次いで貯蓄を生みだす》ことが実は、見えることなく、法外な問題を引き起こすのである。というのは、このようにして生み出された所得の大部分は失業者に、すなわち数年間多くの物に事欠いていたに違いない失業者に回ってゆく。彼らの最初の動きは、（貯蓄などとは）反対に、消費すること、彼らに不足していた全ての物を買うことに向かわないのか。実際を見ると、経済回復の大きな受益者は消費財産業ではない。

	生産財生産における変化	消費財生産における変化
1926–1929 年 ———	＋ 58%	＋ 43%
1929–1932 年 ———	− 56%	− 29%
1932–1937 年 ———	＋ 172%	＋ 39%

（C.W. GUILLEBAUD, 前掲書，p. 136.）

そうすると、新たに創出された全ての購買力は、多くの消費財、しかしあまり増えていない消費財に向かい、これが価格の騰貴を生じさせないのか。これはインフレの定義そのものではないのか。ところが、実際には、価格は上がらないか、わずかしか上がらない。

生計費指数
（1913-1914年＝100）

	1928	1932	1933	1934	1935	1936	1937
総合指数———	151.7	120.6	118.0	121.1	123.0	124.5	125.1
食料品————	153.0	115.5	113.3	118.3	120.4	122.4	122.3
衣料品————	170.3	112.2	106.7	111.2	117.8	12.03	125.7

（C. W. GUILLEBAUD, 前掲書，p. 187.）

この意外な結果は、ある程度まで消費の《指導》と厳しい貿易管理によって説明され得る。これは、1936年11月には許可なしでの価格引き上げの一切の禁止まで行った措置である。国家、党、そしてその軍隊が人々に抱かせる不安感がきっと、彼らに与えられる《勧告》と同様に、規制の権威を強めたのである。それにもかかわらず、購買力の過剰があれば、《闇市》という抜け道を通して、価格の上昇があるのが通例である。

国が、経済に投入したのと同じ金額を、課税によって直接取り戻したと言うこともまたできない。次の表を参照。

国民所得と税
（10億ライヒスマルク）

	国民所得	公的収入	国民所得中の公的収入
1928年——	75.4	14.0	18.6%
1932年——	45.2	11.5	25.4%
1933年——	46.6	12.1	26.0%
1934年——	52.7	13.3	25.2%
1935年——	58.6	14.7	25.1%
1936年——	65.0	16.9	26.0%
1937年——	71.0	19.6	27.6%

（C. W. GUILLEBAUD, 前掲書，p. 281.）

国による徴税の比率は、1933年以降実質的に増加していない。1933年に比べて、1937年に国民所得が増えている分の250億ライヒスマルクほどの内、国は75億ライヒスマルクしか取り戻していない。しかしながら、この期間に、あらゆる方法で、貯蓄が著しく増加していることは確かである。

現金で保有された資産のわずかな増加、そして、一部はただ《指導された》あるいは半ば強制されたと見なされ得る貯蓄の動きの大きさとに驚くばかりである。議論の余地なく、ドイツ国民は《危険を冒した》のである。ドイツの経済回復は、純粋に経済のメカニズムによっても、圧政によっても完全には理解され得ない。それ以外の心理的要因が求められなければならない。ギルボー（GUILLEBAUD）氏は1933年以降の貯蓄の例外的な大きさを、国民一人ひとりが、戦争とインフレと恐慌とによって消失した、その蓄えを回復する必要性を強く感じていたことによって説明する(C. W. GUILLEBAUD, 前掲書, p. 254.)。こういうことはあり得ることだし、また、貨幣に対する懐疑心が大衆の意識の中に深く浸透していなかったことを示唆しているのかも知れない。より一般的には、これら三つの惨事の後、ドイツ人はいかなる代価を払っても再建を成功させなければならないという感情を持っており、このことが彼らの生来の規律心を大いに高めたものと考えることができる。それはまた、なぜヒトラーに対して反乱が起こらなかったかを理解させる要因の一つでもある。

システムの限界

多くの外国人観察者は、この再建の原因をなかなか理解できず、ただ驚いており、これら数年の間、ずっと次のように予測していた。今度の経済回復は、まぎれもなく人為的であり、間もなく止まるか、必ず戦争を引き起こすか、何か他の災厄に行き着くであろう、と。幾つかの国内の出来事が、とりわけ1936年に、それらの予測が正しいと思わせた。この年にシャハトは、段々ドイツ経済の舵取りから遠ざけられ、自らの《4ヵ年計画》を開始したゲーリングに交代した。

シャハト自身は実際、そのシステムの構築には大いに貢献したけれども、成功は長続きしないと信じていた。シャハトによれば、投資の努力は鈍化し、また完全雇用が達成されるやいなや、公共支出は停止するに違いなかった。なぜならその時から純然たるインフレが発生するからである。この主張はその上、確立された経済理論とまったく一致しており、またこれが後にシャハトには、無制限の再軍備政策に対する抵抗のチャンピオンの立場に置くという付録をもたらした。同時にシャハトは、もっと正当な基盤の上に立った、例えばマルクとフランス・フランの平衡した切り下げを実現して、ドイツの国際貿易を再建したかった。

しかし《資源の完全雇用》の概念は現実的にはかなり弾力的である。大量投資の政策は物的生産能力を著しく高める。雇用可能な労働量はそれより伸縮性がないように思われる。しかしながら、近代の諸戦争の経験が我々に教えてくれるように、失業者がいない時でさえ、通常は雇用されていない人々、例えば女性に頼ることは可能である。

もう一つの要素が、ドイツには外部的であるが、1936年ごろの状況を複雑にすることになった。すでに見たことであるが、恐慌の真っただ中に原材料の異常に低い価格は、イギリスやドイツのような大工業国の経済回復を助長していた。この回復そのものが原材料価格の再上昇を引き起こし、そして交易条件は逆転する傾きになった。その時、シャハトのように、輸入により多くの金額を充当したい、そのために体制の締め付けを緩め、再軍備を抑えることによって外国の信頼を取り戻したいと考えていたリベラル派と、ゲーリングのように、代替原材料の生産計画を開始した純粋ナチス党員たちが対立した。後者が勢力を増すにつれ、外国では、ドイツ国民は輸入が制限されていたり、非消費財の生産に重点が置かれたりしているために、厳しい窮乏生活を強いられていると思われがちであった。しかし実際にはどうであったか。以下の数字は、十分に信頼を置くならば、間違いなく驚くべきものであろう。

一人当たり年間消費量

	1930年	1932年	1937年
小麦粉（kg）	55.7	44.6	55.4
肉（kg）	44.9	42.1	45.9
ラード（kg）	8.2	8.5	8.1
バター（kg）	8.0	7.5	8.9
マーガリン（kg）	7.0	7.8	5.4
牛乳（litre）	117.0	105.0	111.0
魚（kg）	9.2	8.5	12.2
ジャガイモ（kg）	172.0	191.0	174.0
砂糖（kg）	23.4	20.2	24.0
熱帯果実（kg）	7.8	8.0	5.8
コーヒー（kg）	1.9	1.6	2.1
ビール（litre）	88.6	51.4	62.9

（C. W. GUILLEBAUD, 前掲書，p. 207.）

このように、平均的ドイツ人は1937年に、1929年と同じかそれ以上の小麦、肉、ラード、バター、魚、ジャガイモ、砂糖、そしてコーヒーさえ消費している！　目立って不足したのは、マーガリン、牛乳、熱帯フルーツ、ビールだけである。このことから、ドイツ人は1917年あるいは1918年に体験したような包囲経済の中にある、という広まったイメージとは随分異なって見える。

結論として、閉鎖回路の中の経済、例えば1933年のドイツ経済のようなものは、制限なしに発展することができないと考えるのが合理的である。がしかし、これらの制限は我々の中の多くが、願望を現実と取り違え、1938年から1939年ごろに想定したよりも遥かに遠ざけられていた。確かに制限は、1938年、1939年および1940年の領土併合により、ドイツに新しい生産手段と新しいストックをもたらしたので、さらに後退させられた。それにもかかわらず、1943年以前にドイツ経済はフル稼働していなかったことを思えば、我々は、ヒトラーの経済的躍進は巨大な発展の可能性を持っていたことを理解するのである。

10 金ブロック諸国の漠たる目的意識と苦難

《金ブロック》結成の努力

少し野心的な用語で《金ブロック》と呼ばれたものは、ロンドン会議の混乱から直接に生じた。その誕生の行為は1933年7月3日の「ルーズベルト宣言」によって定められた。この宣言の中で、幾つかの国が、現行平価のままその通貨を金本位制に結び付けて維持する約束をした。それはフランス、ベルギー、オランダ、ルクセンブルク、イタリー、そしてスイスであった。それは「ルーズベルト宣言」への直接の回答であった。しかしながらそのことの中に単なる恨みの表明を、大国アメリカの、乱暴で、およそ外交的でない主張に対する抗議の意思を見るのは誤りであろう。なぜなら、この宣言の署名国は彼ら自身、ほんの数年前、その通貨の最初の、そして深刻な平価切下げを余儀なくされた、あるいは少なくとも、仔細に見れば大戦の後に続いていた通貨崩壊の影響を蒙《こうむ》っていたからである。衰退に対する彼らの反作用を、再び混沌の中に引きずり込まれたくない彼らの恐れを、人は理解する。

しかし彼らの政策がそれ自体において賢明であったとして

も、全く自分たちだけ賢明であり続けるけることは困難であった。イギリス・ポンドは金から切り離され、アメリカ・ドルは切り下げられ、これらが世界の通貨と貿易の流れの非常に大きな部分を、彼らの航跡の渦の中に引きずり込んだ。非常に具体的なことだが、通貨価値下落を甘受した国々は、それによって生ずる“国内物価”の上昇によって起こる経済的増進効果から利益を受けることが可能になった。その一方で、今度は“金で表示される”彼らの価格は著しく下がったので、対外市場において彼らの価格競争力を大いに高めた。それで金ブロック諸国は、このような競争に対抗するため、その国内価格の一層の引き下げを余儀なくされた(国内価格は金表示価格と異ならなかった)。金ブロック諸国はそれ故、他の国々が先ず試み、次いで放棄していたデフレ政策をますます厳しく実施する羽目になった。

金表示卸売物価指数の動向比較

	1932年	1933年	1934年	1935年
アメリカ———	88	75	64	68
イギリス———	73	69	61	61
金ブロック:				
フランス———	87	77	74	71
ベルギー———	77	72	68	60
オランダ———	79	74	78	76

(J. H. STROHL, L'Oeuvre monétaire de la conférence de Londres, pp. 214 et 227.)

上記の表に見る物価の圧縮は、かなりの努力の結果と思われる。しかしながらそれは工業生産には重くのし掛かっており、その回復を阻害している。

工業生産動向
（1929年＝100）

	1932年	1933年	1934年	1935年
アメリカ———	54	64	66	76
イギリス———	83	88	99	106
金ブロック：				
フランス———	69	77	71	67
ベルギー———	69	72	73	72
オランダ———	62	69	70	66

（J.H. STROHL, 前掲書，pp. 221 et 228.）

このように、1933年には回復の輪郭が描かれたけれども、それがブロック諸国では挫折し、一方、イギリスとアメリカでは回復が明白である。

しかし代替策は何かあったろうか。金ブロック諸国の間では、ドイツを例にした自給自足の統一体の結成、あるいは少なくとも、イギリス帝国のそれのような特恵制度の創設を想像できた。幾つかの試みがこの方向で、1934年中に開催された若干の会議の間に行われた。1934年10月19日、ブリュッセルで調印された議定書において、署名六か国が次のように合意した。

…《六か国は、その共通の通貨政策が国際取引の発展を、すなわち、それぞれの国に存在する通貨条件の類似性が、諸国の間に促進するに違いない発展をもたらすことを認める。

貿易取引に関しては、次のことが適切である。1）諸国間の交易の増大は現在においていかなる方法なら可能であるかを探求すること。諸国は1933年7月1日から1934年6月30日まで行われた取引総量の10パーセントの増加を望ましいものとする。2）このために二国間交渉を遅滞なく開始すること。この交渉は、最大1年以内に妥結されなければならない…》

考えてみると、目標があまりに控え目すぎた。それでも目標は達成されなかった。二国間交渉はこの目的のために最適の手段でもなかった。顧みて、共通の組織がこの分野の努力の第一条件であるように思われる。この時代の指導者たちは、通貨政策というものは彼らには単なる現状維持策と見えたため、通貨政策が真に意味すること、その役割をしっかり推し量ることをしなかったのである。

しかし、その後の経緯を知った我々が、幅の広い見方をもってしても、成功に導いていたかも知れない一つの方法を想像できようか。金ブロックはいずれにしても極めて限定された連合であった。ベルギーとオランダは―最小規模のスイスも同様に―極めて多様な国際関係に大きく依存して生きる小国である。フランスでは反対に、対外貿易は遥かに重要ではなかった。その上、フランスは他のブロック諸国に対してずっと良好な対外収支を保っていた。1934年前半に、ブロック諸国は、フランスにその輸入の6分の1を供給しており、フランスの輸出の3分の1以上を得ていた(HODSON, Slump and Recovery, p. 362.)。フランスはしたがって大きな譲歩をする、すなわち懸命に金ブロックを支えねばならなかったであろう。しかしフランスはそれができたのか。こうした思惑はともかくとして、《金ブロック》の国々はそれぞれ、いや増す困難に対して実際には自分だけの力で戦うよう追い込まれたと感じたのである。

プラニズム(経済計画主義)

もし誰かが、まさに金ブロック諸国において、通貨対策あるいは通貨窮余策の他に、経済の合理的組織化により経済恐慌に終止符を打つことを目指す一連のプロジェクト、あるいはプログラム、あるいはその名も《プラン》なるものの開花を見たとすれば、それは恐らく単なる偶然ではない。

(この問題に関する資料は、非常にまばらであり、それで主に当時の論争の記録に頼っている。と言うのは、我々の知る限り、《プラニズム》はまだ歴史研究の対象になっていなかったからである。しかし、G. LEFRANC の論文“Le Mouvement social, No. 54, janvier-mars 1966”は、ほとんどフランスに限定されているが、大変興味深い。)

実際、西ヨーロッパの社会主義者の界隈においてこそ、《経済計画論的》な傾向が最も明確な形を取ったのである。しかしそうかと言って、それが非常に古い学説に依拠できたわけではない。すなわち我々は、疑いもなく1914年以前の社会主義運動の中にその糸口を見つけるのには苦労するであろう。しかし1914–1918年の第一次大戦により全ての参戦国は、国による経済運営の具体的可能性を試さざるを得なくなった。このことは、とりわけアメリカ合衆国において、経済思想に新しい進路を示した。次いでドイツ社会民主主義の理論家たちは、1918年以降、反乱的性格のある左翼の横溢に脅威を受け、秩序の中での革命の方法の明確化に取り組んだ。世界恐慌、そしてヒトラーの台頭により、これらの研究については西ヨーロッパで一層続行される必要に迫られることになって、特別の緊要性を与えられた。他方、ソ連における“第一次五カ年計画《プラン》”の発進が、この言葉の普及に大きく貢献した。

《プラン》という言葉は、この頃にも今日と同様に、かなり異なった現実を包含していることを忘れてはならない。ソ連の《プラン》は、前もってほぼ完全に国有化された経済において強制的な工業化の推進を目指すもの(計画経済)である。プランとは、いくつかの経済セクターずつ、ある一定期間に達成すべき生産の数値目標として説明された。我々がここで取り上げている《プラニズム》は全く別のものである。それは先ず、経済の鍵となる部門《キー・セクター》を明示することであり、キー・セクターの所有あるいは利用によって経済全体を管理・主導し、その進行の調整を図る。これらのキー・セクターは、専任の計画立案者が定める方式により、国営化される。このプラニズムの新規性が、一部の社会主義者にとって、政治戦略の面で特に大切なことに見えた。つまり、純粋に社会福祉の範囲内の改革を越えているけれども、あまりに長く待たされる全面改革よりも限られた目標、早く実現されると思える目標を定めることにより、恐慌に苦しみ、直接的行動を欲した大衆の性急さに応えようと、彼らは思ったのである。他方、彼らはこの限定された目標に、もはや労働者階級だけでなく、経済不振によって《プロレタリア》、無産者となりながらも全体的な社会主義化には不満であった中産階級の大きな部分を取り込もうと望んだ。

よく分からない事がある。それは国有化された《キー・セクター》である基幹産業部門が中心になったであろうが、一度こういう行動手段を備えた後、《経済計画立案者・経済計画論者(プラニスト)》たちが経済の観点で何をするつもりであったのか、ということである。まず第1に、このような経済の管理運営は、国が経済的に外部世界から孤立していた限りでしか有効ではあり得なかった。結果的に、《経済計画立案者・経済計画論者(プラニスト)》たちはこのことに必ずしもはっきりと気づいていなかったように思われる。次いで、これらのプランは、全て《恐慌を克服する》、そして《失業をなくす》ことを意図しているが、彼らがどのようにしてそれを行うつもりなのか、また、もっと正確に恐慌が何に起因しているのかを、十分明瞭に、詳しく示していない。彼らの言う《資本主義的独占による経済の間違った管理運営》は、広まりすぎた一つの決まり文句である。間違った、というのは《一般大衆の過少消費》のことなのか、あるいは《過剰生産》のことなのか。抽象的には、それは結局同じ事になる、と彼らは言うであろう。つまり、社会主義者たちは、絶対的過剰生産があることを原則的に決して認めないだろうが、分配された購買力の不足に基づく過剰生産は別、と考えるからである。しかし実際には、どの考え方にアクセントを置くかによって、彼らは非常に異なる、さらには正反対の解決法を考え出す。アンリ・ド・マンは、彼の《ポンティニィの主張》の中で、《消費能力を生産能力に合わせる》という表現を用いるが、これは過少消費による恐慌の説明を示唆しているのかも知れない。いずれにしても、プラニストたちは、彼らの政策目的よりもずっと手段の方を気にかけていた、という印象を我々は拭いきれない。

もしこの議論が、(実際の行動でなく)その意図の故に批判する段階を越えられないとするならば、それは経済計画論者たちの考えが決して明確には実施されなかった、ということである。ベルギーの社会主義者アンリ・ド・マンはその偉大な先駆者であったが、彼は—そしてそれは偶然ではないのだが—教育の大きな部分をドイツで受けていた。ド・マンは1933年のクリスマスに、彼の党によって“労働のプラン”を採用させた。しかし1935年3月、ベルギーの社会主義者たちはバン・ゼーランド連立内閣に参加し、ド・マンはそれに加わった。新政府は間もなく通貨の平価切下げに取り掛かり、それで“労働のプラン”を実施しなかった。スイスでは、類似の考えが《恐慌へのイニシアチブ》政策の基礎にあったが、これは国民投票において僅差で否決された。しかし、経済計画の考え方が最も広い議論を巻き起こしたのはフランスにおいてである。その考え方は、最終的には社会主義政党S. F. I. O.の多数派によって退けられた。つまり、それらは、期間も長引いて半分社会主義、半分資本主義の混合経済を認めることによって、伝統的教義から逸脱するとして特に批判されたのである（それはしかしながら、振り返って見れば、経済計画主義運動の最も持続的貢献と思われるものである）。労働総同盟C. G. T.の組合活動家たちは、はじめはもっと好意的に思われた。しかし、最終的に、一面的とは言わないまでも、過剰生産を一つの事実と認め、労働時間の短縮による失業の解消という、ずっと簡単な考えの方を志向した。その結果は後述する。

ベルギー

ベルギーが―最初の不幸な試みの後―その通貨の安定に成功したのは、やっと1927年のことであった。ベルギーはそれ故、1930年の終わりに、世界恐慌によって打撃を受ける以前のかなり短い期間しか繁栄の時期を享受できなかった。イギリスによる金本位制の放棄は、特にベルギーに影響した。なぜなら、ベルギーは金為替本位制を受け入れて、その通貨準備の中にイギリス・ポンドを保有しており、そのために著しい損失を被った。その後間もなく、勿論、ベルギーは本来の金本位制に戻った。

しかし、ベルギーが主に損害を蒙ったのは対外貿易を通してであった。

	輸入		輸出		
	100万 ベルギーフラン	指数	100万 ベルギーフラン	指数	卸売物価 指数
1929年 ——	35,531	100	31,784	100	100
1930年 ——	30,975	88	26,068	82.3	87.3
1931年 ——	23,748	66.8	23,069	72.8	73.5
1932年 ——	16,163	45.5	14,813	46.7	62.5
1933年 ——	14,822	41.8	14,032	44.2	58.9
1934年 ——	13,703	38.6	13,539	42.6	55.5

（F. BAUDHUIN, Histoire économique de la Belgique, 1914-1939, p. 281.）

上の表を見ると、ベルギーのケースは全く例証としての価値を示している。それによると、輸出が最初に影響を受け、そして輸出の収縮が輸入の収縮を招く。1932年から、輸出入額の指数の低下が卸売物価指数の低下よりも顕著になった。対外貿易の減少はもはや金額の面ばかりだけでなく、数量の面にも表れていることは明らかである。1932年以降、貿易の低下は、鈍化はするが相変わらず続く。ベルギー政府は、支出の圧縮と収入の増加によってとりわけ予算均衡を実現しようとして、精力的な通貨収縮の中に救済策を探した。それで少なくとも三つの財政再建プランが続けて実行された。その結果は、次の数字の中に示されている。

	通常予算			臨時予算
	歳入	歳出	差額	歳出
1930年―――	9,640	10,266	－626	1,544
1931年―――	9,232	10,539	－1,307	773
1932年―――	8,517	10,632	－2,115	371
1933年―――	10,356	10,361	－5	829
1934年―――	9,972	10,309	－311	1,075

（100万ベルギーフラン）

（F. BAUDHUIN, 前掲書，p. 253.）

かくして、はじめの数年からベルギーの国家財政は総額でおよそ20億ベルギーフランの赤字を見る。1932年、状況は悪化し、1933年には目標に近づくかに見え、赤字額は10億フラン以下に落ちる。しかし翌年から再び増加する。通貨収縮は、常に繰り返される厳しい努力のように見え、その終わりは見えない。ボードワン氏の言葉に従えば、《通貨収縮によって手に入れ、物価の後退によって得られた余裕はイギリス・ポンドの最後の下落を埋め合わせたことにしかならず、以前の赤字幅を存続させたままであった（BAUDHUIN, 前掲書，p. 300.）》。

その間、経済活動は鈍化していた。生産指数（1923-1925年＝100）は、1929年の前半には140に達していたが、1930年の後半には108に、そして最も低い点では94に落ちており、こ

	失業による 逸失労働日合計	被保険者一人当たり 年平均同日数
	(諸保険金庫資料による)	
1929年 ――	3,555,000	5.6
1930年 ――	10,560,000	16.5
1931年 ――	31,875,000	41.1
1932年 ――	61,300,000	71.8
1933年 ――	61,630,000	62.4
1934年 ――	69,675,000	72.3

(BAUDHUIN, 前掲書, p. 297.)

れは30パーセント以上の下落であった。経済活動の後退は当然、失業の拡大をもたらす。

出口のない経済状況は結局、ポンドの新たな下落との関係で、金融パニックを引き起こした。すなわち中央銀行バンク・ナショナルは20億フラン相当の外貨を1934年の最後の4半期に失った。1935年1月21日から3月27日までに20億フラン以上を失い、その内7億2,500万は1935年の3月15日と16日の二日間で失ったものである。これら3月の数日間はドラマチックな様相を呈した。3月17日の日曜日、ベルギーの大臣数人が救済を求めてパリに旅立ったが無駄であった。翌月曜日、急きょ為替管理を決定したが、外貨の損失を止めるには至らなかった。火曜日、トゥニス内閣は総辞職した。それに代わったのは、社会主義者の参加するバン・ゼーランド内閣であった。この内閣の第一の関心事は、不可避となった通貨の平価を切り下げることであった。それにより、ベルギーではやや事態の改善がなされた。しかし、金ブロックの中に最初の裂け目が生じた。そしてこの要塞は遅れることなく崩壊していった。

フランス

“人民戦線”の出現以前

フランスは、その経済構造、堅固な財政金融、そして比較的少ない貿易依存度の理由で、世界恐慌による影響もある程度遅れを伴っている。

諸指数

	工業生産	国民所得（他通貨分も）	卸売物価	消費者物価	国民所得（フラン分）
1929年——	100	100	100	100	100
1930年——	99	99	88	101	99
1931年——	86	95	75	97	94
1932年——	73	87	66	88	84
1933年——	81	88	63	85	81
1934年——	75	86	59	82	75
1935年——	73	83	56	75	71

(Marcel HENRY, L’Evolution monétaire en France de 1929 à 1939, “Banque”誌, sep. 1964.)

上の表を読む場合、二つの点に注目が必要である。まず第1に、恐慌は、はっきりと分かるにしても、フランスでは他のもっと工業化された国々よりも深刻とは見えない。次に、工業生産は、1932年の最初の《くぼみ—停滞期》の後、1933年には非常に明白な回復を記録する。しかし物価は下落し続け、1933年以降、経済のはっきりとした再下降が見られる。この再下降をドルの平価切下げと、これが金換算価格に及ぼす圧力と関連付けることは試みとしてよい。また《金ブロック》の試みの可能性がない性質は、その支えであったはずのフランスの状況を一瞥すれば推論されるであろう。

経済不況の社会的結果が、次の表の中に反映されている。

	救済を受けた失業者数	雇われなかった求職者数
1921年 ———	43,700	27,500
1926年 ———	500	11,100
1927年 ———	33,300	46,700
1930年 ———	1,700	13,000
1931年 ———	45,400	63,900
1932年 ———	260,800	301,300
1933年 ———	274,100	304,800
1934年 ———	335,700	368,300
1935年 ———	426,500	463,700

1932年以降表れている、非常にはっきりした数の膨張にもかかわらず、これらの数字は比較的控え目であるように思われる。つまりフランスは恐慌の真っ只中にあるのに、失業者総数

がチェコスロバキアより少ない！　と指摘されたのである。これは本当であるが、フランスの失業統計は全体的に現実を表しているわけではない。とりわけそれらが全国ベースではなく、地方ベースで作成されているからである。恐慌の社会的影響は、労働者100人以上の企業に関する、次の表において仔細に検討される。

指数

	時間賃金	労働時間数	名目賃金額	実質賃金額
1930年――	100	100	100	100
1931年――	100	88.4	88.4	90.3
1932年――	98.7	74.2	72.3	80.0
1933年――	95.3	75.7	71.1	79.5
1934年――	95.3	72.6	68.8	80.3
1935年――	93.1	70.0	65.3	81.9

ここにおいて我々は、名目賃金率の強い抵抗という古典的現象の他に、部分的失業の著しい大きさを確認する。この事実は注目に値する。というのは、これこそ我々が後に述べる、非常に重要な、大いに論議を呼んだ措置、すなわち週40時間労働制の創始を物語るものだからである。

フランス政府は恐慌に対し先ず、通貨収縮（デフレ）政策を行ったが、これは他の金ブロック諸政府と同様であった。ただしこの政策は、金ブロックの通貨政策による要請のため、他の金ブロック諸国よりも長く維持された。しかしながらフランダン内閣(1934年11月-1935年5月31日)は、すでに一部分アメリカの例に習った新しい方向を求めたようであった。すなわちフランダン内閣は、人為的な価格維持の法律が原因であった小麦の過剰生産を削減しようと努力したのである。同内閣は同様に、短期の通貨供給増加策を再現し、利子率を引き下げようとした。しかしこの《リフレーション》政策は、フランスのような規模の国では、防衛すると決められていた通価の平価を見直しせずには進展し得なかった。1935年1月における、フランス銀行(中央銀行)総裁の交代はこの現実を軌道修正できなかった。1935年3月に、ベルギーで通貨フランの平価切下げがあり、これでフランスから、さらにはオランダから、そしてスイスからさえも資本の流出が生じた。これら全ての国において以後、平価切下げの問題が課題になった。

しかしながらフランスは、改めて正反対の道に踏み入った。すなわち、フランダン内閣は更迭された。次に、ラバル新内閣は特に厳しいデフレ政策に最後の努力を試みた。内閣は110億フランの節約を実現しようと、国の大部分の支出項目と若干の価格・料金等に対し、10パーセントの削減、引き下げを布告した。これらの措置も通貨に対する信頼を回復するのに十分ではなく、1935年のクリスマスに、フランス銀行の割引率は6パーセントに引き上げられた。

それでも、短命に終わったこれらの政府が試みた経済政策はしばしば一貫性を欠くもので、これにあまり重要性を与える必要はない。以下の数字は企図されたデフレ政策の努力の影響力と効率性を示すであろう。

国家予算執行の結果
（10 億フラン）

	歳入	歳出	差額の比率	歳出不足
1928 年 ――――――	48.2	44.3	＋ 3.9	
1929–1930 年（15 ヵ月）―	64.3	59.3	＋ 5.0	
1930–1931 年 ――――	50.8	55.7	－ 4.9	8.8%
1931–1932 年 ――――	47.9	53.4	－ 5.5	10.3%
1932 年（9 ヵ月）―――	36.0	40.7	－ 4.7	11.5%
1933 年 ――――――	43.4	54.9	－ 11.5	20.9%
1934 年 ――――――	41.0	49.9	－ 8.9	17.8%
1935 年 ――――――	39.5	49.9	－ 10.4	20.8%

（Marcel HENRY, 前掲書.）

デフレ政策の努力は、1933年以降、公的支出の圧縮によって示される。しかし収入は同じように減少し、それで不足の相対的な大きさとしての総額はあまり変化がない。

しかしながら、1935年の終わり頃、若干経済的改善の兆候が記録されている。しかしこの回復は余りに弱く、また遅いと思われる。1936年5月における“人民戦線”の選出は、出口がなく終わりの見えない恐慌に苦しむ大衆の強い怒りを大いに反映している。

“人民戦線”の実験

選挙で選ばれた新政府は、社会主義の方向性を持っている。それにもかかわらず、新政府が経済恐慌に対して行おうとする政策は、とくに社会主義的ということではないであろう。彼らはむしろ、《第一期ニューディール》のルーズベルトの実験から、さらには、ルーズベルトが実際に行った政策よりもずっと彼の《ブレイントラスト》たちの準備的構想から想を得るであろう。付言しておきたいのは、新しい指導者たちの精神的習慣のために、同様にしてフランスの政治行政システムの非常に中央集権的性格のために、人民戦線政府の実験は、アメリカモデルより硬直し、画一的な性格を持つであろう、ということである。

人民戦線の政策は、人々の過少消費によって経済恐慌を説明する理論から着想を得ており、何よりも購買力の増加を目標にしている。1936年6月7日、工場占拠の圧力の下で締結されたマティニヨン協定により、雇い主組合（ル・パトロナ）は10～15パーセントの全般的賃金引上げを認める。他方、一種の協同組合的市場組織である、“全国小麦職際協会”（ONIB）が設立され、農業者の購買力を引き上げる努力が行われる。その他、比較的穏当ではあるが、大工事のプログラムがスタートする。

それまで続けられてきた政策が突然転換されたことは当然、激しい物価上昇を招き、これがさらに避けられない通貨の平価切下げを早める。フラン切り下げが実際、1936年9月27日に発表される。

我々はこれ以上、それ自体珍しくないこれらの対策の動機の解明に固執するつもりはなく、反対に、そこから経済の推移がどのように描かれるかをずっと注意深く検証することが適切であろう。1935年に、工業生産の月平均指数が79であることが明らかである(1928年=100)。1936年春、同指数は87-88である。6月のストライキの波状的発生、そして最初の有給休暇実施のあと、それは9月に88に回復する。1937年3月には94まで上昇する。しかし6月には89に再下落する。1937年7月の新たな平価切下げのあと、指数は11-12月期には92に回復し、1938年春に88へと再下落する。かくして我々は、2度繰り返して生産曲線が天井に達するのを見るが、あたかも見えない障害にでもぶつかったように、それは再び下落する。この障害は8ヵ月の間隔をおいてほぼ同じ点で再び見出される(J. C. ASSELIN《La Semaine de 40 heures, le chomage et l' emplois》, le Mouvement social, no 54, janvier-mars 1966.)。失業は全体としてどうであったかと言うと、人民戦線の講じた対策全体により、1937年春には、最大で7万だけに減る。その後ほとんど変わらず、明らかに圧縮不可能である。

この経済的推移の変則ぶりを説明するには、フランスの実験が特別の個性を表しているかどうかを研究する必要がある。事実的には、1936年6月22日の法律が、賃金を減らすことなしに、週48時間労働を40時間に減らしている。この措置はもはや過少消費の理論ではなく、過剰生産の理論に結びついている。この措置が前提としているのは、次のことである。すなわち、利用可能労働の総量は制限されており、それ故、それを最大多数の労働人口の間に分配しなければならない(多くの企業がすでに部分的失業の方策により、それを行っているようである)。しかしその上、アメリカの場合、ルーズベルト政権が種々の産業に対し、その可能性に従って、また各自の《公正競争規範》に基づいて、必要なら労働日を減らす処置を委ねたのとは違い、フランス政府は、労働組合主義の圧力で、法律の急ぎの、普遍的な、実質的に統一的な実施を強いる。ところが、その実行の難しさが相当なものだということが露わになる。

まず第1に、失業は職種によって非常に不均等に分布している。次頁の表に明らかである。

全ての職業の中で、失業により最も痛手を被ったのは 資格を持たない未熟練労働者たちであった。しかしその地理的分布は、同様に著しく不均等である。最も工業の盛んな県のみを取り上げるならば、労働人口に対する失業者の割合は、セーヌ・エ・オワーズ県で10.75%、ノール県で9.6%、セーヌ県で9.2%、しかしパ・ド・カレ県で3.9%、ムルト・エ・モーゼル県で1.1%、モーゼル県では0.8%である。従って、企業が週40時間労働に従う時、しばしば、近間に住んでいない、あるいは必要な資格を証明しない失業者は雇わない。また、企業はその生産を減らすか、その時まで雇ったことのない住民層の中から働き手を探そうとする。例えば、鉄道が農村の働き手を求める場合。

かくして週40時間労働は、その長期的にみた社会的利益は否定できないが、即時的な目標には合致しない手段であることは明らかである。この目標とは、経済恐慌を解決すること、あるいは少なくとも失業を解消すること。そしてフランスは最終的には他とは異なる特徴を示す。すなわち、他よりも遅く来た、他よりも深刻でない経済不況が、反対に、1938年以前には明白な改善の兆しを少しも 見せなかった特徴を示すのである。

その失敗を目の当たりにして、一部の人々は人民戦線政府の

	職種別失業者の対労働人口比	失業者総数（千人）
農業 ――――――	0.35（%）	7.7
採掘産業 ――――――	0.59	2.6
化学産業 ――――――	1.12	2.6
家内奉公 ――――――	2.37	18.2
食品工業 ――――――	2.91	10.9
食品販売 ――――――	3.08	17.4
ゴム、紙、厚紙 ――――	3.41	5.5
衣類 ――――――	3.83	22.1
自由職業 ――――――	4.29	18.4
勤め人 ――――――	5.2	40.7
繊維産業 ――――――	5.53	45.0
看護・介護 ――――――	6	3.2
製鉄業 ――――――	6.36	90.4
皮革 ――――――	7.1	13.4
建設業 ――――――	9.58	66.9
林業 ――――――	9.62	40.1
運輸業 ――――――	15	20.8
労務者 ――――――	26.6	83.7

（J. C. ASSELIN, 前掲書.）

優柔不断を非難した。最も明白な批判は、為替管理策を打ち出さなかったという事実に対してであった。しかしこの対策は経済《立直り》の基にならず、ネガティブな効果しかもたらさない。すなわちそれは、外部世界の圧力を免れて若干の政策を実施すること—基本的に閉鎖回路経済の中の発展—を許す城壁である、ドイツは同じ時期に成功していることなのだが。敢えて言うならば、フランスという国が十分に規律、統制がとれていなかった、また時の政府は、ドイツに比肩し得る努力を自らに課すだけ十分に強力ではなかった、と言うことか。

イタリア

イタリアは、金ブロック結成の宣言に調印した正式な加盟国である。しかしその政策全般が最終的には経済発展を決定付けたことから、他の加盟国とは別に分類すべきである。

イタリア通貨リラが、1937年末に、高すぎる比率（レート）で安定化させたのは、国の威信の理由からであることはすでに疑いない。そこから結果したのは厳しいデフレ政策であり（卸売物価指数は1926年の129から1929年には100になった）、それでイタリア経済は、他の若干国のような好景気を見るには程遠かったその時に、経済恐慌に見舞われたのである。以下の表がその大きさと経緯を教えている。

	1938年のリラ表示国民所得総額（100万リラ）	1人当たり（リラ）	工業生産指数	工業雇用指数（1938年＝100）	卸売物価指数
1929年——	124,621	3,079	90	90	100
1930年——	116,024	2,845	85	88	90
1931年——	116,019	2,823	77	80	78
1932年——	120,575	2,916	77	71	73
1933年——	119,369	2,868	82	72	67
1934年——	118,523	2,829	80	75	65
1935年——	129,672	3,075	86	85	72
1936年——	128,280	3,022	86	86	80
1937年——	137,995	3,228	100	94	94
1938年——	137,877	3,201	100	100	100

（C. VANUTELLI, Mouvements ouveriers et depression économique de 1929 à 1939, p. 306.）

表から分かるように、イタリアは明らかに1930年以降、経済恐慌の影響を感じており、1932-1933年の一種の安定期のあと、1934年に最低点に達している。他方、賃金は他よりも不況に対して抵抗を示しているが、おそらくデフレ政策がすでに賃金を最低限まで圧縮していたからであろう。

	工業労働者賃金指数（時間）	工業労働者賃金指数（月）	生計費指数（1928年＝100）	実質賃金指数（時間）	実質賃金指数（月）
1929年――	99.5	100.6	101.6	97.9	99
1930年――	98.6	95.8	98.4	100.2	97.4
1931年――	92.9	87.7	88.9	104.5	98.7
1932年――	91	84.9	84.9	107.1	100
1933年――	88.6	85.6	81.4	108.8	105.1
1934年――	85.7	81.9	77.2	111	106.1
1935年――	84.3	74.5	78.3	107.6	95.1
1936年――	89.5	78.1	84.2	106.3	92.7
1937年――	100.5	91	92.2	109	98.7
1938年――	107.6	95.1	99.3	108.3	95.8

（同書 , p. 313.）

1934年に週40時間労働が制定されたが、総賃金の維持は認められず、そのことが、この日から、時間賃金と月額賃金との間の推移の違いを説明する。

イタリアは、通常その対外貿易は著しく大きな赤字を出していて、石炭、石油等の主要原料を大量に輸入しなければならない事情におかれているが、さらに海上貿易と観光の停滞によって大きな損害を被っており、その上リラの過大評価がダメージになった。

しかしながら、1935年以降、経済回復がはっきりと描かれる。しかしそれは、政治的事件と関係があるように思われる。1935

年秋、イタリアはエチオピアに対し戦争を起こした。しかし、イタリアの戦争準備は夏以降感じられる。戦争に向けての努力が、当然のことながら、予算赤字の悪化とインフレ過程の発生をもたらす。

予算の赤字（10億リラ）

1930–1931年———	0.5
1931–1932年———	3.9
1932–1933年———	3.5
1933–1934年———	6.4
1934–1935年———	2.1
1935–1936年———	12.7
1936–1937年———	16.2
1937–1938年———	12.6

（L. VALIANI, Mouvement ouveriers et depression économique de 1929 à 1939, p.299.）

この経済への人為的刺激、同様にして徴兵が失業者数の減少をもたらす。すなわち1932–1933年の100万人以上から1934年の96万3,000人、1935年に76万5,000人、1936年に70万人、1939年には66万人へと失業者数は減少する。

しかし、インフレ圧力が国際収支の均衡を著しく損なうことは必定である。それで1935年夏から、イタリア政府は厳しい為替管理および輸入制限措置を行う。イタリア政府はこの措置において—逆説的に—その政策を最も非難する国々によって助けられる。実際、国際連盟はイタリアをエチオピア戦争における侵略国と認定し、イタリアに対する経済制裁を宣告する。それは主に、イタリアへの戦略的一次産品供給拒否およびイタリアの輸出に反対する措置である。それ故イタリアは、先にドイツがより慎重に踏み込んだ閉鎖回路経済の実験と同じ方向へと止むなく導かれることになる。それから結果するのが、経済の再始動である。このことは、経済的な武器は扱いに注意が必要であること、また、その使用の効果はしばしば、それを使用する側の意図に一致しないことのさらなる証拠である。しかし、あまり話を先に進めないことにしよう。すなわち、もしイタリアが輸入に代えて代替原材料の生産に踏み出すとしても、この分野ではドイツ以上の困難にぶつかる。14年前から政権の座にあった政府が、それまで一度も考えたことのない重要な経済部門の国有化を開始したのであるが、それは発生する諸問題の深刻さのもう一つの予兆である。

英米仏三国協定

1936年3月25日、フランス、イギリス、およびアメリカ三カ国政府は同様の宣言文を発表し、イギリスあるいはアメリカの通貨に関わる行為によって《国際為替制度における最大可能の均衡を維持し、この制度における混乱の発生を最大限阻止することを普遍の目標とする》彼らの政策を続行する意思を《再確認した》。フランスの平価切下げ(25～35%の間)を確認したイギリスとアメリカはこの件について、《フランスが国際経済関係の安定のためにより堅固な基盤を確立することを希望して》、満足の意を表明した。各々政府は、この平価切下げから生ずるかも知れない《国際為替の基礎のいかなる動揺もできる限り避けるために適切な資金を用い続ける意思を表明し》、この目的のために他の二国に意見を求める約束をした。他の国々は、この政策への協力を等しく促された。

以上が三国協定であった。それはフランスでは強い疑いをもって迎えられていた。多くの人々はそこに、不可避になった平価切下げのためのデモンストレーションの策略しか見なかったが、政府は、平価切下げはしないと約束していたのであった。しかしながら、非常に一般的な用語を使って書かれた一つの共同宣言が可能であったという簡単な事実は、三カ国の関係がロンドン会議以来著しく改善されていたことを物語る。疑いもなく、フランスは降伏と言う代価を払ったのかも知れない。フランスはおそらく、フランの平価切下げを金本位制の国際的回復に結び付けたいと望んだのであろう（少なくともこれはHODSON氏の見解。『Slump and Recovery』, p. 477.）。反対に、“三国協定”は新しい道への第一歩であった。新しい道というのは、1914年以前の金本位制と同時に、1919年の後、および1931年の後に激しくなった通貨戦争を過去のこととして、通貨と為替に関して諸国の一致した行動に向かう道であった。さらにもう一度振り返って検討してみると、この件の影響は最もよく見える。

いずれにしても、三国協定は金ブロックの終了をはっきり印した。一年半前にベルギーの平価切下げがそれに最初の一撃を加えていた。フランスが平価切下げを行うと、直後からスイス（26.6％と35.2％の間）とオランダの平価切下げが続いた。10月5日、今度はイタリアがリラを約40パーセント切下げた。この動きは、金ブロックの狭い境界さえ超えて拡大していった。チェコスロバキアが新たにその通貨価値を引き下げた。その一方、それまでフランス・フランにリンクしていたギリシァのドラクマ、そしてトルコのピアストルが、イギリス・ポンドと結びついた。新しい世界システムがその輪郭を現してきた。

歴史家のエピローグ

世界恐慌の歴史を終わりとすることができるのは1937年か1938年である。しかしそれは、経済よりも歴史的な理由のためである。疑いもなく1938年における経済の世界的再下降、これが、対比的に見ると、その前の回復をよりはっきりさせる。しかしこの回復はほとんど至る所で確かであるにしても、十分である所はどこにもなかった。おそらくドイツを除くと、資源の完全利用という現代的基準に照らして確かだと言える好況を、1929年と1939年の間に経験した国はほとんどない。

限定的ではあるが、それでも記録された経済回復は新たな軍備競争の故であったと、一部で主張されたにしても、それを肯定できるとは思えない。事実、本格的な再軍備はドイツで1934年、フランスとイギリスで1936年になってやっと始まる。再軍備は初め、かなり小さな規模で行われ、後に戦争諸国が良しとすることになる経済的努力とは共通性が無い。ドイツですら戦争のためにその経済の全面的動員を実現するのは、1943年でしかなかない。その後、支配的経済強国であるアメリカ合衆国はどうかと言えば、初期の戦争指令がその戦争への影響力を感じさせるのは、やっと1940年からである。

過去についての我々の研究のリミットはそれ故、結局は定め難いものである。すなわち、全くの経済的循環としての恐慌の叙述は、最終的には経済学者の抽象作業に至ることになり、歴史学者には受け入れ難い。さらに受け入れ難いのは、国としての経験の深部にある多様さを見えなくする総体的な統計の作業である。しかしながら、我々が選んだ道は他の不都合な点を伴う。すなわち我々は、主要な工業国に注意を集中し、他を全て無視した。基礎となる学習、研究を欠いているとか、あるいはそれらがあまりに断片的すぎるといった事情があるならば、そういう無視は避けられないということになろう。けれども、もっと大きい広がりでの一覧表・描写であれば（もしそれが可能であったとするなら）、遥かに多様であったろう。そうなると、原材料買い入れの深刻な減少で多くの新興国、あるいは植民地の国々が重大な損害を被ったに違いないこと、などが垣間見える。今進行中の研究でこれから何が分かってくるだろうかを予断することなく、我々は、国際連盟の報告書に従って、鉱物資源の輸出で生きていたチリは恐慌で最も被害を受けた国であり、また、一世代後でも、1929年の住民一人当たりの総所得を回復していなかったことを知っている。逆の意味で、未だ基本的な生活経済の中に閉じこもっていた国々は、大恐慌の世界的ドラマの影響をほとんどわずかしか感じなかった。インドの農民の大多数にとっては、例えば恐慌も、干ばつや洪水などの何時もの自然災害以上には感じられなかった（Mouvements ouveries et depression économique—p. 271）。ヨーロッパの中心においてさえ、スペインは、恐慌の結果としての輸出下落と移民の後退が農業と繊維産業の大発展によって言わば相殺されたことになり、全く独自のケースを成していることを、我々は知る（同書，pp. 106-112.）。ソ連や周辺的な国々の報告書となると、それだけで特別の、そのうえ実行するには相当やっかいな検討が必要であろう。

こうした情況がある中で注意すべきだったのは、様々な社会階層が彼らの生活条件の中で影響を受けた時の様子、状況について一般的すぎる肯定、主張をしたことであろう。そういうことが示されたが故に、より容易に感じ取られるようになったのは、未曽有の災厄であったこの恐慌によって被害を受けた、あるいはそのように見えた人々の反応である。アメリカの気持ちは、とりわけ、深く、さもなければ決定的に変化した。しかし我々はここで思想史、さらには文学史にまで踏み込み過ぎることはできない。社会的変動、政治的影響がより直接的に我々の専門領域に関わっている。そしてこの点では、我々は少し前から、特に労働運動を軸にして展開された共同研究の目覚ましい成果に依存することができる。

最初見たところでは、また第二次世界大戦の起源の議論を脇に置くならば、経済的大不況は余り人目を引くような政治的影響を持たなかった。《一部の闘士（労働者）はこう自問した。1847年の恐慌の後には引き続いて1948年の革命が、1866年の恐慌の後にはインターナショナル（国際労働者同盟）におけるフランス支部の活動の展開が、1890年の恐慌の後にはアメリカの大労働者闘争やフランスの無政府主義テロリスト運動が、1900年の恐慌の後にはC. G. T（労働総同盟）の設立、イギリスにおいて革命的組合主義の発展と労働党の結成が起こったのに、なぜ1929年恐慌から4年後の1933年に、同様のことが何も起こらなかったのか》(Mouvements ouvries et depression économique—p.179.)。またこの論集の中を見ると、労働者たちの反応は国によって様々であり、さらには正反対でもあった。事実的には、経済的に困難な年は組合活動の発展、とりわけストライキには物理的に不都合であった。それこそ平凡な事実検証である。そうではなくて、恐慌の初めの数年は、しばしば、組合運動のみの後退ばかりでなく、彼らと同じ路線を選ばなければなかったであろう社会主義的政治運動の後退と一致したことを見ると、それはもっと驚くべきことである。後になって、そして恐慌が弱まったまさにその時、若干国では選挙の振り子がはっきりと左翼に回帰するのと同時に、目覚ましい組合の躍進を我々は目にする。それはとりわけアメリカとフランスの場合であった。その点に関しては、大衆の反応の遅さを引き合いに出すことができる。それでも、一つの事実は残る。すなわち、世界恐慌のあと、多くの人々が考えたのとは反対に、革命はついて来なかった。

世界恐慌はしかしながら資本主義の原理という事について、それまでその事をほとんど議論しなかった社会諸階層に対しても、かなり総体的な再検討を迫っていた。しかし—特に《プラニスト(経済計画主義者)》の希望に相反して—この機会を利用したのは、最初、社会主義ではなかった。社会主義はそれ自身、すっかり新しいと見えた状況に応えるには旧過ぎた。とりわけ社会主義は恐慌に対して直接的な、また十分に説得力のある救済策を提示する術を知らなかった。恐慌から大きな政治的利益を得たのは第一にファシズムであった。そして確かに、ドイツでのヒトラーの台頭はささいな事件ではなかった。なぜならそれは、結果として第二次世界大戦を、それ故、世界の重大な変化をもたらした。

しかし、いわゆるファシズムは戦後生き残らず、また、最初あまり見えなかったが恐慌につながるその他の変化は、戦争以降、十分にその変化の効果を示した。それらのことは、かなり逆説的だが、こう言えば要約することができる。もし、以前の幾つかの恐慌が革命の重要な諸段階を画したとすれば、今度の恐慌は結局のところ、相対立する階級、相反する教義の接近という反対の効果を持った、と。ただ接近というのは、論争はまだ続いているのだが、感情的な接近ではなく、生活条件の平準化でさえもなくて、経済生活における国家の役割に関する目下の思想間の接近の事だと了解していただきたい。そのために、社会主義運動は（用語の厳密な意味において）、しばしば暗黙のうちであったけれども、根源的な変化に耐える必要があった。社会主義運動は改革主義的になるために革命主義であることを止めた、と言えば、言い過ぎであると同時に言い足りない。はっきり言えば、社会主義運動は以後経済の歩みに永遠の責任を持っている。この進化は当然、共産主義運動の、少なくとも目に見える戦術変化に助けられたが、この変化は、この時には新しい国際情勢に結びついていた。すなわち、ファシズムに対する闘いが全面に出るや否や、共産主義者にとっては、社会主義者に対し目に見えない脅しにより、ブルジョワ諸政党との接近全てを禁ずることはもはや問題ではなくなったのである。

しかし発展した国々の指導者層は、間近の必要に迫られて、彼らもまた考え方を根本的に変更した。彼らは、国家は経済に深く影響を与えることができ、関連してその円満な進行を保証する義務を持つことを認めた。確かに、管理経済の初期の試みはあまり理解されず、不幸であった。しかし以来、経済活動の理論と実践は大いに進歩した。すなわち、特に通貨金融面の活動と効力がますます認められる。我々は、しばしば言われるように、簡単に“ケインズ革命”と呼ばれるこの平和の革命をたった一人の天才のせいにするつもりはない。ただ言いたいのは、以後全ての人々に必要とされる“完全雇用”が至上命令となり、相対立する政党間の経済論争は、たとえ純粋に言葉だけのものであるにしても、評価の差にわずかの余白しか残さないデリケートなテクニックの応用における諸レベルについてしかもはや行われない、ということである。こういうことが、少なくとも現在なお、最も感じられる大不況の影響である。

結論

もし誰かが、歴史家の目で1929年に始まる激しい経済的衝撃の原因を探ろうとすれば、諸恐慌の通常の成因—コンドラチェフの循環、長期波動など—は、一つの歴史的事件、すなわち第一次世界大戦とその影響によって、消えないまでも、ぼやけていることに直ぐ気が付く。

影響というのは、疑いもなく、生産設備・機構と物財流通に対するものである。しかし、それらは最も重大というわけではない。これらの問題は、直後の時期には恐るべきことと思われるが、一般的に数年経つと独りで解決される。生産施設の再建はとりわけ、人が想像するよりずっと簡単であり、速い。それに比べて初め十分に気づかれず、特に理解されなかったのは、19世紀の世界通貨システムの不調が遥かに危険である、と最終的に明らかになったことである。実際、この問題に対処できなかったことは、二つの世界大戦間の大きな災難の一つと考えられる。

このことは様々な局面に現われた。第一に、初めの数年間、多くの指導者たちが、すっかり変わってしまった状況に伝統的な思想や、やり方を適用しようと頑なな態度を取ったことである。フェルナン・ボードワン氏はこの点に関し、その著『ベルギー経済史』の初めのところで酷く皮肉な一連の引用を行っているが、これと同様の例示は、他の国々についても示すことができるであろう。しかしまた、大衆の心理に対するインフレの影響は広い、持続的な結果をもたらした。同様に忘れてならないことがある。それは、その責任はあまり明かされることがないが、その時代に最も輝いており、最も進歩的であった理論家たち、とりわけ《管理通貨》の理論家たちは、少し「魔法使いの弟子」の役割を演じたことである。人為的手段により価格の安定を維持しながら、彼らも経済のメカニズム全体を再検討していたが、同時に再考しておかなければならなかったのが経済政策の全体である。例えば、アメリカは、国内におけるインフレ傾向を全て抑制することによって、第一次大戦が創り出していた金融の不均衡を、アメリカの有利なように永続化させたが、不安定性を持続させた短期の信用政策の他に修正策、補正策はなかった。すなわち我々は、アメリカの恐慌が起こると直ぐに、ドイツとオーストリアでこの政策の影響を見た。しかし、アメリカにおいて破滅的事態の直接的原因であるものすごい投機圧力が、第一次大戦以来生み出された異常事態と何事か関係があったのか、なかったのか誰も知らない。

一度恐慌が始まると、それと闘うために政府はデフレ政策か、生産制限など多大な努力を行ったが、それは恐慌を長引かせ悪化させることにしかならなかったことは確かである。1933年から若干国で、1935年にその他の国々で記録されている自発的回復の諸指標によれば、それらは恐らくストックの枯渇によるものであるが、恐慌は物事を自然の流れに任せようとするならば自然に解消される、と主張する古典派経済学者たちに若干の議論を投げかける。しかしそれは、正にアカデミック論争である。その時代に、そして、発展し過ぎて悲惨な生活や先祖のような忍従の習慣を失った国々では、いかなる政府も、いかなる政治運動も、以前の原理原則が何であったにせよ、直ちに行動を取るとか、それを推奨するなどの必要性から免れることができなかったことは確実である。ルースベルトがそのことを感じ取っていたように、何からでもよいからやってみることは、何もしないよりよかった。はじめの混乱が過ぎ、恐慌に対する闘いの努力がより円熟した経験の形を取った時でさえ、彼らは国によって非常に様々なやり方で問題に取り組んでいた。アメリカでは、人々は何よりも物価の傾向を反転させようと腐心した。ドイツでは、失業者の再雇用を。フランスでは、有効需要を増やそうと。イギリスでは、国際収支が国内経済に及ぼす影響を回避しようとした。この多様な取り組みそのものは、恐慌の性質とその具体的原因に対して同質の考えが欠如していたことを表したものである。

この不確実性と精神的動揺の真っ只中で、多くの人々がその時代に資本主義体制、あるいは自由経済のシステムは最終的に罪ありと断定されたと思ったとしても、何ら驚くべきことではない。実際、この体制が待っていたのは新しい介入のテクニックのみであって、それらは、様々な出来事に対する反省によってこそ与えられようとしていた。

新しい介入テクニックは、直ちにその効力を証明したわけではなかった。なぜなら前大戦の後遺症が清算される前に、新たな世界戦争が勃発したからである。世界と人間の適応能力を証明することになったのは、新しい戦後である。1919年の和平の10年後、恐慌が始まった。1945年における戦争終結の10年後、繁栄が支配した。経験から得た教訓がそれを支えていたのである。我々がすでにそうしていたことであるが、アメリカの政策、すなわち1929年の恐慌における厚顔無恥な通貨実験の重い責任を強調することは、それよって正に新しい政策、すなわちマーシャル(欧州復興)プランや国際的通貨協調制度が顕著な実例となる新たな政策を称賛さえすることでもある。

しかし我々がこれを書いている今日、少し前までは明白な事実に基づいていたこの楽観主義はいささか時代遅れに見える。新しい学派の理論家たちは、自分たちは完全に反循環的経済政策—恐慌を阻止するもの—を、そして無限の経済成長の秘策を手にしたと信ずることができた。しかし1929年にはやはり、アメリカの多くの理論家たちは永遠の繁栄を予告していたのである。しばらく経つと、ある人たちはこう心配する。我々は再び「1929年の恐慌」を見るだろうか、と。

この疑問に対し、歴史家は、彼に課される慎みを一瞬無視して、「ノー」と答えざるを得ない。1929年の恐慌は、経済的諸情況の全体と密接につながっていたのであり、いかなる情況も今、再発しつつあるとは思われない。つまり我々は、今度、経済の錬金術の手法を発見したということか。そういうようなことではない。一度はやはり、人々は新しい問題に直面するが、先例によって導かれることはないであろう。通貨制度は、今はもはや盲目的と仮定された機械的行為にではなく、合理的と仮定される人間による諸決定に基礎を置くが、安定を保証するとは思われない。多くのテクニカル面の学習の挙句、我々は、モラリストの月並みな結論に連れ戻される。すなわち、人間の為すことは全て不完全である、だから絶えず見直し、やり直しが必要なのである。

訳者あとがき

本書は、フランス・ブレスト大学教授　ジャック・ネレ（Jacques NÉRÉ）著、“1929年の恐慌”（La Crise de1929）、1980年（1968年初版）、アルマン・コラン社（Armand Colin）刊、の完訳である。その内容において、第一次大戦後の通貨・経済の混乱から始まって大恐慌、そしてナチス・ドイツの統制経済、「金ブロック諸国」の問題まで多くの出来事が書かれていることを考慮して、表紙タイトルのように副題を付けさせていただいた。

歴史学者のネレ教授は、専門である「現代史」の理解に不可欠として、専門外の経済学の勉強をした上でこのテーマに取り組んでおり、そのことを承知して読んでみると、これは新分野の開拓となるような、「歴史経済学試論」とでも言える力作との思いがする。原著の出版元であるパリのアルマン・コラン社の最近のホームページを見ると、本書は、欧米主要国における「戦間期」、「両大戦間」の中心的な出来事の歴史的展開に関する先駆的研究、と紹介されている。また、インターネット上では、まだ本書の売買取引が行われていることを知り、本書の生命力の永さを感じた次第である。

私は、原著の1971年版（第3版）を入手したのが、その同じ年、パリの書店であった、と思う。その当時はすでに、1968年の、学生革命とも言われた「五月革命」の影響で大学に変化が生じていた頃で、私は、（旧文部省、駐日フランス大使館後援・

実施のフランス政府招聘給費留学生制度により）パリ第1大学（経済学博士コース）に在籍して2年目で、「1815年以降の経済事実史」ゼミに登録していた。指導教授のこの年の講義や論文指導のテーマは、20世紀前半中ごろのフランスの社会経済事象であった。私がこの本を知ったのは、その環境においてであった。

さらに、この本への深い興味と言う点で、次の事情を書き加えておきたい。それは、1970年の前後の時期における、「動乱」と言われたほどの国際経済状況の事である。ドルをめぐり外国為替の変動がとりわけ著しい時期であった。1971年（昭和46年）8月には、アメリカのニクソン大統領がドル防衛、そして何よりも、アメリカ保有の金の流出阻止のため「金・ドル交換の停止」を発表した。それは金本位制度終焉のはじまりであり、歴史的大事件であった。日本の円は、他国諸通貨に対し急上昇して行った。前年の夏、（仏語強化で滞在中のグルノーブルの）銀行で両替をした時、1フラン当たり70円で買ったことをはっきり記憶しているが、一年後のこの頃には1フラン／50円を超える勢いであった。それまで遠い世界の出来事と思っていたことが、直接、一般個人の財布にも影響してくることを実感した。それで、例えばこの本に書かれているような、歴史上の出来事も実は現在に、身近に繋がってくることを理解したのである。

一昨年、2012年春ごろである。ギリシャで財政赤字から債務不履行の恐れが報じられた。同様のことはイタリア、スペイン、それ以外の国々でも明らかになり、EU（欧州連合）発の信用不安が報じられ、連鎖反応を心配して世界恐慌の再来、などという警句も聞かれた。ある日、テレビ番組の国際ニュースで欧州特派員が、それらの事が「財政赤字に基づく信用不安」であるとし、第一次大戦後の状況に言及しているのを見た。その時私は、この本の中に示されているジャック・ネレ教授の、第一次大戦後の財政危機による通貨・経済の混乱という認識との共通点を思い起こした。そのことから、この本に書かれている内容は、例えば現在起こっている国際的な経済問題を理解しようとする時、第一次大戦後と関連付けて、その意味を整理、位置付けする役割を担い得る、と考えた。(それは例えて言えば、ワインのテイスティングには味を識別するのに、比較のためのもう一本が必要であることと同じかも知れない。)この本の出版年次は古くなっているが、歴史の出来事がそれで意味を失うわけではない。しかも2年後の2014年は、1914年の第一次世界大戦開戦の100周年記念の年に当たる。それに間に合うように、と考えた。次の機会は、さらに100年後になってしまうからである。第一次大戦はアメリカと日本が参戦したので世界大戦になったと言われるのに、日本ではあまり関心を持たれないようであるが、恐らくヨーロッパの第一次大戦参戦国では様々なイベントが計画されると予想される。実際、衛星テレビのニュースによると、去年(2013年)の11月にはフランスで、オランド大統領らの出席の下、第一次大戦の戦死者を追悼する幕開けの記念式典が行われた。

本書では、国際金融とか外国為替に関する記述が多い。それは上述のように、この混乱の時期の経済情況によるものである。そのため、第一次大戦後に起こった経済的な出来事で今日まで語り継がれていることはいろいろある。その一つがドイツの経験した、あの超インフレである。本書においても詳しく書かれているが、この難局に立ち向かったのが当時のドイツ中央銀行（ライヒスバンク）の総裁、ヒャルマール・シャハト博士であった。シャハト博士は、財政・金融等の再建に尽力し、手腕の見事さから後に”魔術師“と呼ばれた人物である。上に述べたように、ヨーロッパにおける財政赤字に端を発する信用不安が大きくなっていた2012年当時、日本でも同様に、1,000兆円を超えてGDP（国内総生産）の２倍以上という巨額の財政赤字が心配された。地震の話は聞かれないイギリス、フランス、ドイツと違い、近年の幾つもの、国土の割に大規模な地震により悲劇的な損害を被っている日本の財政状況には同情すべきと思われるが、報道によると、彼らの日本の財政赤字に対する目は厳しいようである。そこで、もしドイツ人のシャハト博士が日本の財政赤字の解決策を尋ねられたら、どんなマジックをアドバイスするだろうか、と想像してみた。私の頭に浮かんだシャハト博士の答えは、“日本政府は、国有の不動産を担保にして、中央銀行から無利子で1,000兆円借り、債権者に現金で全額返済し、先ずは利子返済分を消去せよ。そして、そこから先が大事だ。”であった。

経済の大混乱も、元を辿ってゆけば戦争であり人災である、と言う話に帰着することであるが、この翻訳作業の時、ずっと脳裡に浮かんできたことがある。それはパリ第１大学パンテオン校舎１階の、学期末等には在学生の成績の結果なども張り出されていた、ホールの壁に掛けられた、大理石の追悼記念の碑に名前が刻まれているこの戦争の戦没学生たちのことである。それを去年の夏、40数年ぶりに見る機会があった。

私は身内とその友達一人の4人でフランス・ツアー旅行に加わった。最終日はパリで自由行動だったので、市内を歩いて見物中、前述のパンテオン校舎の入り口の門の前を通ると、門が開いていたので、そこから、私は急ぎ同行の3人を促して扉を抜け、にぶい光の差し込むホールに入って行った。夏のグランド・バカンス中で誰もいなかった。右手を見ると以前と同じようにあの額縁に囲われた白い大理石の追悼記念碑は壁に掛けられていた。第一次大戦で戦死した教師と学生たちの名前がそれぞれ別々の碑版に刻まれている。相当の人数であり、それぞれの碑版には“—フランスのために死んだ—”と最高の栄誉の言葉が刻まれている。その右隣りに並んで第二次大戦、またインドシナでの戦争で死んだ教師と学生たちの碑版も別々に掲げられている。フランス人が「血税」と呼ぶ徴兵によってパリから遠くない戦地に赴き、2度とこの校舎に戻れなかった人たちである。今回の旅の同行者のうち二人は、20歳過ぎの日本の建築学科と心理学科の学生である。人がいないと、霊堂の気配を感ずるこの空間の中に来て、彼らは何か感じただろうか。私たちは碑板を写真に収めた後、校舎を後にした。やがてここで100周年記念の追悼式典はきっとあるであろう。

私は、この翻訳の継続的作業のほとんどを、栃木県北部にある住まい兼小さな資料室、18世紀のフランス人に名を借りた「ピエール・ポワーブル研究所」で行った。その間、長い間読んできた本のことなので、他に相談することも、特に調べに出ることもない状況であったが、文中に出ていたラテン語を、最後になって調べざるを得なくなり、家から車で25分の「黒磯図書館」(那須塩原市) まで出かけた。それで分かったのが、本書の「著者まえがき」の末尾に書かれている、昔の人の言葉であった。これこそ著者のジャック・ネレ教授がこの研究書に懸ける心意気と感じさせるものであり、同時に、年齢を考えて次の仕事をためらう小人の背中を押すものかも知れない。

さて、ここで謝辞を述べたい。私がこの訳本を出版したいと思ったのは、上述の理由からからであるが、それが実現される運びとなったのは、株式会社 現代図書が出版を引き受けていただいたからであり、社長の池田雅広氏に御礼を申し上げたい。さらに、編集に当たって、慎重かつ正確な作業により、本の完成まで仕上げていただいた須賀範子さんに感謝申し上げる。

2014年5月　　訳　者

●著者紹介

ジャック・ネレ

フランス・ブレスト大学教授（歴史学）
著書“La IIIe République 1914–1940”（Armand Colin),“La crise de 1929”（Armand Colin）
学位論文“Les aspects économiques du Boulangisme”

●訳者紹介

岩田 文夫（いわた ふみお）

明海大学名誉教授（経済事実史、田園産業文化論）
著書『田園産業の歴史と文化』（株）形相、2006年
研究論文「フランス東インド会社設立（1664年）の契機としての聖ルイ号事件」上下、(明海大学経済学論集)、等

1929年の恐慌
～第一次大戦後の通貨・経済秩序崩壊からナチス・ドイツの閉鎖経済まで～

2014年8月25日　第1刷発行

著　者　ジャック・ネレ
訳　者　岩田文夫　
発行者　池上　淳
発行所　株式会社　**現代図書**
〒 252-0333　神奈川県相模原市南区東大沼 2-21-4
TEL　042-765-6462（代）　FAX　042-701-8612
振替口座　00200-4-5262　ISBN　978-4-434-19146-6
URL　http://www.gendaitosho.co.jp　E-mail　info@gendaitosho.co.jp

発売元　株式会社　**星雲社**
〒 112-0012　東京都文京区大塚 3-21-10
TEL　03-3947-1021（代）　FAX　03-3947-1617

印刷・製本　モリモト印刷株式会社